W0461676

HIGHLIGHTS CHINA

DIE 50 ZIELE, DIE SIE GESEHEN HABEN SOLLTEN

HIGHLIGHTS CHINA

Oliver Fülling · Oliver Bolch

BRUCKMANN

Prunkvolles Detail eines Tors am Kaiserpalast in Peking (oben). Zwei junge Chinesinnen in Harbin (Mitte). Das Nationalstadion in Peking ist neues Wahrzeichen der Stadt (unten).

Inhaltsverzeichnis

Der Süden 106

Der Südwesten 128

Der Besuch der Chinesischen Oper in Peking ist ein unvergessliches Kulturerlebnis (oben), mindestens ebenso dramatisch ist der Anblick der malerischen Karstberge am Li-Fluss in der Autonomen Region Guangxi (unten). Werbung eines Kalligrafiegeschäftes in der Altstadt von Pingyao (Mitte).

Xizhhimen-Bahnhof
Xituchenglu
Xizhimenwai Dajie
Deshengmen Dongdajie
Andingmen Xidajie
Andingmen Dongdajie
Hou Hai
Zhonglou (Glockenturm)
Gulou (Trommelturm)
Jiaodaokou Nandajie
Yonghegong Dajie
Yonghegong (Lamatempel, Tempel der Harmonie und des Friedens)
Xizhinennei Dajie
Fuchengmen Beidajie
Di'anmen Dajie
Dongsi Beidajie
Di'anmen Xidajie
Di'anmen Dongdajie
Dongsi 10-Tiao
Guangjisi (Tempel der Allgemeinen Nächstenliebe)
Xisi Beidajie
Beihai (Nördlicher See)
Baita (Weiße Dagoba)
Jingshan-Park (Kohlehügel)
Fuchengmennei Dajie
Jingshan Qianjie
Wenjin Jie
Dongsi Qingzhen Si (Dongsi-Moschee)
Yuetan Gongyuan (Mondaltar-Park)
Xidan Beidajie
Zhonghai (Mittlerer See)
Xishku Dajie
Gugong (Kaiser-palast)
Nacht-markt
Wangfujing
Fuchengmen Nandajie
Nanhai (Südlicher See)
Zhongshan Gongyuan (Sun-Yat-sen-Park)
Grand Hotel Beijing
Tiananmen (Tor des Himmlischen Friedens)
Fuxingmennei Dajie
Xichang'an Jie
Tiananmen Guangchang (Tiananmen-Platz)
Dongchang'an Jie
Nationaltheater
Große Halle des Volkes
Zhongguo Guojia Bowuguan (Nationalmuseum)
Gu Gua (Altes
Mao Zhuxi Jiniantang (Mao-Zedong-Gedenkhalle)
Vordertor (Qianmen)
Qianmen Dongdajie
Xuanwumen Xidajie
Xuanwumen Dongdajie
Qianmen Xidajie
PEKING (BEIJING) 1
Chongwenmenwai
Guang'anmenei Dajie
Luomashi Dajie
Zhushikou
Dajie
Qianmen Dajie
Niujie Qingzhen Si (Niujie-Moschee)
Fayuan Si (Tempel der Quelle des Gesetzes)
Qiniandian (Halle des Erntegebets)
Xiannong Tan (Altar des Ackerbaugottes)
Tiantan (Himmelstempel)
Huanqiutan (Himmelsaltar)
Yongdingmennei Dajie
Baizhifang Dongjie
Taoranting (Pavillon des Frohsinns)
N
0 500 m

Hauptbahnhof
Tianmulu
Gonghe Xinlu
Haininglu
Xizang Beilu
Sichuan Beilu
Henan Beilu
Changzhilu
Daminglu
Henglenglu
Huangpu-Park
Beijing Donglu
Bund Sightseeing Tunnel
Pudong-Park
Jiangninglu
Beijing Xilu
Ausstellungshalle für Stadtentwicklung
Nanjing Donglu
Hafenrundfahrten
Oriental Pearl Fernsehturm
Rathaus
Volkspark
Xizang Zhonglu
Zhongshan
Nanjing Xilu
Grand Theater
Grand Hyatt Jinmao Tower
Century Boulevard
Shanghai-Museum
Yan'an Donglu
Shanghai Zhanlanguan (Shanghai-Ausstellungshalle)
Donglu
World Financial Center
Jinlinglu
Huaihai Donglu
Yuyuan (Yu-Garten)
PUDONG
Altstadt-Basar
Tempel der Stadtgötter
Shaanxi Nanlu
Huaihai Zhonglu
Huaihai-Park
Henan Nanlu
Antiquitäten-markt
Fuxing-Park
Zhonggongyi Dahuizhi (Gründungsstätte der Kommunistischen Partei Chinas)
Fuxing Donglu
Zhongshan Nanlu (Bund)
Sun Zhongshan Guju (Sun-Yat-sen-Haus)
ALT-STADT
SHANGHAI 25
Zhonghualu
Xujiahuilu
Lujiabanglu
Zhaojiabanglu
Penglai-Park
Huangpu
Lubanlu
Nanpu-Brücke
Pudong Nanlu
Zhongshan Nanyilu
0 500 m
N

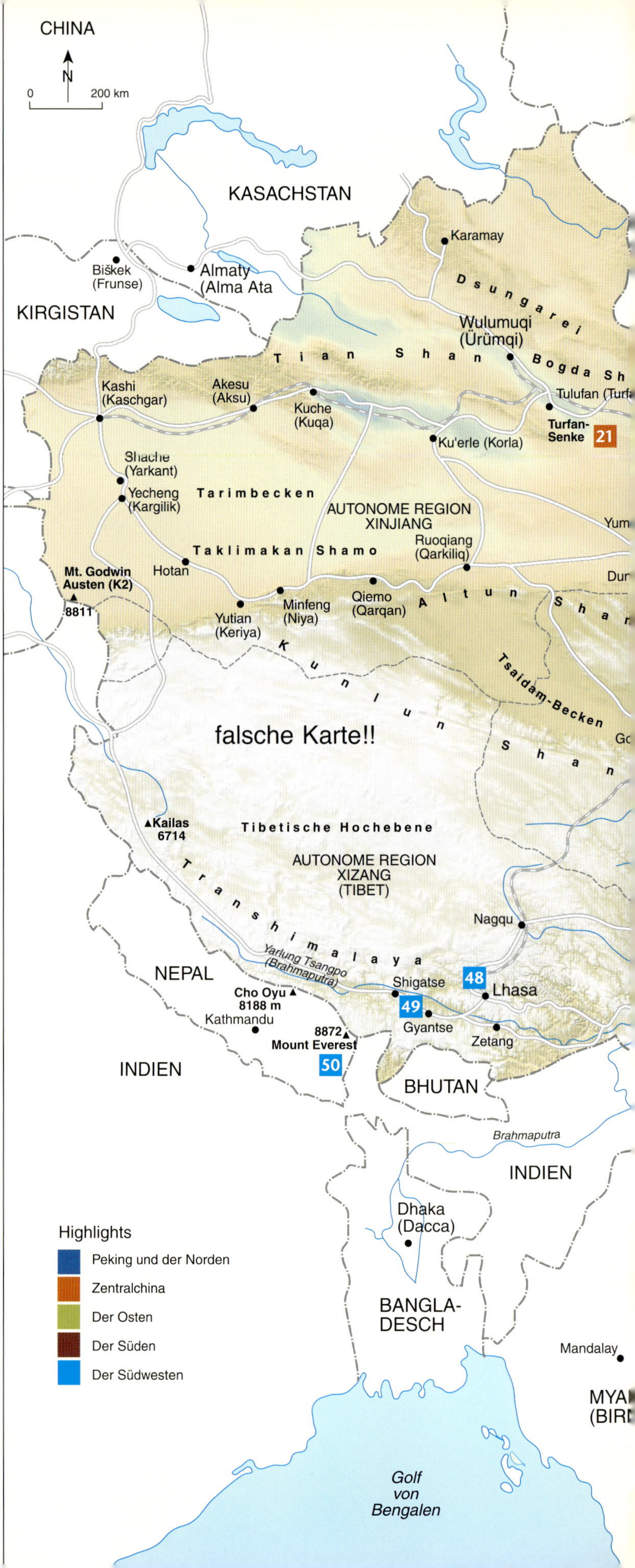
CHINA
N
0 200 km
KASACHSTAN
Karamay
Biškek (Frunse)
Almaty (Alma Ata)
KIRGISTAN
Dsungarei
Wulumuqi (Ürümqi)
Tian Shan
Bogda Sh
Kashi (Kaschgar)
Akesu (Aksu)
Kuche (Kuqa)
Tulufan (Turfa
Turfan-Senke 21
Ku'erle (Korla)
Shache (Yarkant)
Yecheng (Kargilik)
Tarimbecken
AUTONOME REGION XINJIANG
Yum
Taklimakan Shamo
Ruoqiang (Qarkiliq)
Hotan
Mt. Godwin Austen (K2)
8811
Dur
Yutian (Keriya)
Minfeng (Niya)
Qiemo (Qarqan)
Altun Shan
Kunlun Shan
Tsaidam-Becken
falsche Karte!!
Go
Kailas 6714
Tibetische Hochebene
AUTONOME REGION XIZANG (TIBET)
Transhimalaya
Nagqu
Yarlung Tsangpo (Brahmaputra)
NEPAL
Cho Oyu 8188 m
Shigatse
48
Lhasa
49
Kathmandu
Gyantse
8872
Mount Everest
Zetang
50
INDIEN
BHUTAN
Brahmaputra
INDIEN
Dhaka (Dacca)
BANGLA-DESCH
Mandalay
MYA (BIR
Golf von Bengalen
Highlights
Peking und der Norden
Zentralchina
Der Osten
Der Süden
Der Südwesten

Irkutsk
RUSSLAND
Heilong Jiang (Amur)
HEILONGJIANG
Chabarowsk
Nenjiang
Wudalianchi
Qiqihar
Zhalong
Mandschurei
Jiamusi
Harbin
8
Yabuli
Ulaanbaatar (Ulan-Bator)
MONGOLEI
JILIN
Jilin
Changchun
Tumen
Changbai Shan
Yanji
AUTONOME REGION INNERE MONGOLEI
Shenyang (Mukden)
7
LIAONING
Ji'an
Benxi
Anshan
Liaoyang
6
Chengde
NORD-KOREA
Dandong
4
3
GANSU
Anxi
Huhehaote (Hohhot)
Badaling
Mogao-Grotten
Yumen
Jiayuguan
Baotou
Yungang-Grotten
9
2
1
Beijing (Peking)
Shanhaiguan
Qinhuangdao
Beidaihe
P'yôngyang
Dongsheng
Datong
5
Heng Shan
Dschinghis-Khan-Mausoleum
Huang He (Gelber Fluß)
Dalian
Zhangye
Qilian Shan
Tengger Shamo
AR NINGXIA
3058 Wutai Shan
HEBEI
Tianjin (Tientsin)
Seoul
SHANXI
10
Gelbes Meer
SÜD-KOREA
Wuwei
Yinchuan
Taiyuan
Shijiazhuang
Qinghai Hu
Xining
Pingyao
SHANDONG
23
22
19
11
Jinan
Pusan
Kloster Kumbum
Yan'an
Tai Shan 1545
Qingdao (Tsingtau)
NGHAI
Lanzhou
Yinxu
Anyang
Tai'an
Hukou-Wasserfälle
Linfen
Qufu
Pingliang
24
Xiahe
Kloster Labrang
18
Zhengzhou
Kaifeng
Tianshui
JIANGSU
GANSU
Luoyang
Huanghe (Gelber Fluß)
12
13
Song Shan
Min Shan
Maijishan-Grotten
Xi'an
Hua Shan
Dengfeng
JAPAN
SHAANXI
HENAN
Yangzhou
Jiuzhaigou NP
Nanjing (Nanking)
Zhenjiang
Huanglong NP
14
Wudang Shan
Qamdo
Songpan
42
Wuxi
Changzhou
Shanghai
25
SICHUAN
CHONGQING
HUBEI
Hefei
Wolong NP
43
ANHUI
Yixing
Suzhou
Dujiangyan
Yangzi (Jiangtsekiang)
Zigui
26
Ost-chinesisches Meer
Wanzhou
Huang Shan
27
Putuo Shan
Kangding
40
Chengdu
15
Yichang
Wuhan
29
Hangzhou
28
Markam
Emei Shan 3099
Ningbo
41
Zigong
Chongqing
16
Dongting Hu
ZHEJIANG
Leshan
Zhangjiajie NP
Dêqên
Dazu
HUNAN
Lu Shan
Jingdezhen
Yibin
Nanchang
30
Shangri-La (Zhongdian)
Wuyi Shan
GUIZHOU
Fenghuang
Changsha
Yulong Xueshan 5596
17
JIANGXI
45
Heng Shan
Lijiang
Ji'an
Guiyang
Hengyang
Jinggang Shan
Kaili
FUJIAN
Dali
Er Hai
Huangguoshu-Wasserfall
47
Fuzhou
Anshun
Ganzhou
Sanjiang
38
33
44
Xing'an
Quanzhou
Kunming
Guilin
Danxia-Felsformationen
Yongding
37
Shi Lin (Steinwald)
Shaoguan
Zhangzhou
YUNNAN
Yangshuo
Xiamen (Amoy)
31
TAIWAN (REPUBLIK CHINA)
AUTONOME REGION GUANGXI
GUANGDONG
Liuzhou
Zhu Jiang (Perlfluss)
46
32
Guangzhou
Xishuangbanna
Foshan
Shenzhen
Jinghong
Nanning
Kaiping
Hongkong
Macau
VIETNAM
34
36
35
Beihai
Zhanjiang
LAOS
Mekong
Hanoi
Süd-chinesisches Meer
Golf von Tongking
Haikou
PHILIPPINEN
Chiang Mai
39
HAINAN
THAILAND

Metropolen wie Shanghai prunken mit funkelnden Skylines (oben), in buddhistischen Tempeln funkeln goldene Buddhafiguren wie hier der Sakyamuni-Buddha im Lithang-Kloster in Kham, Sichuan (Mitte). Wie das Maul eines Tigers: die Reisterrassen von Laohuzui (Tigermaul) in Yunnan (unten). Weg der Seelen zum Ming-Grab in Nanjing, Jiangsu (rechts).

Unvergängliche Kultur

Das Reich der Mitte

Oft schlafend, mal wankend, aber niemals sterbend hat sich das Reich der Mitte eine nunmehr fast 3000 Jahre währende Hochkultur erhalten. Mehr als Zeit genug, eine faszinierende Kultur voller Widersprüche zu entwickeln. Dazu bietet China als ein Reiseland von kontinentalen Ausmaßen innerhalb seiner Grenzen ein unvergleichliches Spektrum an Landschafts-, Klima- und Lebensformen.

Ob man sich für die Urwälder Südwestchinas oder die Kulturdenkmäler der Mandschurei im hohen Nordosten, die Karstlandschaften Südchinas oder die legendäre Seidenstraße interessiert, ob man lieber die Hochgebirge Tibets durchqueren will oder die fruchtbaren Reislandschaften entlang der Flussläufe des Yangzi oder des Gelben Flusses besucht, die Naturmystik der heiligen Berge bevorzugt oder das quirlige Leben chinesischer Großstädte – das Reich der Mitte fesselt jeden Besucher. Stellt sich für den Einzelnen die Frage, was man denn in diesem Riesenland alles anschauen sollte, ohne dabei mehr Zeit in Bahnen und Flugzeugen zu verbringen als bei den Sehenswürdigkeiten. Denn das ist das eigentliche Problem des Reiselandes China: Die meisten Touristen unterschätzen die gewaltigen Entfernungen. Die in diesem Buch vorgestellten 50 Highlights, die bei Weitem keine vollständige Liste herausragender Sehenswürdigkeiten darstellen, sollen dabei helfen, die Reiseroute einzugrenzen und Schwerpunkte zu setzen, sei es bei Natur, Kultur oder einer Mischung aus beidem.

Die 50 Ziele verteilen sich auf fünf große geografische Regionen: Peking und der Norden Chinas, Zentral- und Nordwestchina, Osten, Süden, Südwesten. Neben den in aller Welt bekannten Attraktionen wie der Großen Mauer, den Ming-Gräbern, der Kreuzfahrt auf dem Yangzi, der glitzernden Metropole Shanghai oder der Terrakotta-Armee in Xi'an legen zahlreiche UNESCO-Welt- und Naturerbestätten wie der Konfuziustempel in Qufu, der Sommerpalast in Chengde, die Altstadt von Lijiang, der Zhangjiajie-Nationalpark oder das Gelbe Gebirge Huang Shan Zeugnis ab für die unglaubliche kulturelle und landschaftliche Vielfalt des Landes.

Glanzvolle Kaiserstädte

Nahezu 900 Jahre lang war Peking (Beijing) Hauptstadt einzelner Königreiche oder Zweitsitz mächtiger Nomadenfürsten, die Nordchina regelmäßig erober-

Die Tore von Xi'ans vollständig erhaltener Stadtmauer werden abends bunt illuminiert (oben). Hier ließ der erste Kaiser auch die chinesischen Schriften vereinheitlichen (Mitte), doch mit der Terrakotta-Armee setzte er sich sein größtes Denkmal (unten). Abends erstrahlt das Nationalstadion in Peking im Lichterglanz (rechts oben).

ten. Immerhin rund 800 Jahre war Peking Kapitale Gesamtchinas, Zentrum »göttlicher« Macht, Mittelpunkt der asiatischen Welt, ja nach chinesischem Selbstverständnis Abbild des Universums, eine Metropole, die nach Zerstörung stets wie Phönix aus der Asche auferstand und sich zu größerem Glanz emporschwang. Die letzte auffällige Metamorphose fand im Olympiajahr 2008 statt: Als Austragungsstätte des sportlichen Megaereignisses hat sich Peking endgültig in die Liga der großen Weltstädte katapultiert.

Chinas Norden und Nordosten waren wichtige Einfallstore kriegerischer Nomaden aus der Mongolei und der Mandschurei. Anfangs drangen die Xiongnu (Hunnen) über diese Himmelsrichtungen ins Reich der Mitte ein, später der mongolisch-türkische Stamm der Toba, schließlich die Mongolen und Mandschus. Diese Nomaden plünderten und raubten nicht nur. Einmal festgesetzt, befruchteten sie mit ihren eigenen Kulturen die Entwicklung des chinesischen Nordens, der in seinem Erscheinungsbild ganz von dem ewigen Neben-, Gegen- und Miteinander von Chinesen und Nomaden geprägt ist. Bis heute erzählen die großartigen kaiserlichen Palast- und Tempelanlagen in der Mandschurei, die buddhistischen Monumente Nordchinas und alte Festungsstädte von den Blütezeiten der Fremddynastien.

Bis zum Sturz der Tang-Dynastie im Jahr 907 war Chang'an, das heutige Xi'an in Zentralchina, fast tausend Jahre lang die Hauptstadt des Landes gewesen. Kaufleute, Mönche, Diplomaten, Künstler und Studenten aus Persien, Syrien, Indien und anderen Ländern lebten hier und verwandelten Chang'an mit seinen nahezu zwei Millionen Einwohnern in eine der kosmopolitischsten Städte der Welt. Zusammen mit Luoyang, der zweiten Hauptstadt jener Epoche, war das Herz Chinas nicht nur das politische Zentrum des Reiches, sondern gleichzeitig ein Schmelztiegel der Weltreligionen,

die bis in die heutige Zeit ihre Spuren hinterlassen haben. Doch Zentralchina besitzt außer einzigartigen Kulturdenkmälern auch spektakuläre Landschaften wie den Zhangjiajie-Nationalpark oder die Schluchten des Yangzi.

Zwischen Reisfeld und Millionenstädten

Die großen fruchtbaren Tiefebenen Ostchinas sind durch die Anschwemmungen vor allem des Gelben Flusses und des Yangzi entstanden. Die Leben spendenden Flüsse sind gleichzeitig aber auch der Fluch der Region. Beide Ströme sind für ihre Hochwasser und Überschwemmungen berüchtigt. Die große Stunde des lange benachteiligten »Wasserlandes kam mit der Entwicklung neuer Reisanbaumethoden, und so wandelten sich die Niederungen Ostchinas zum Land von »Fisch und Reis« und zum Zentrum des Handels. Mit dem Geld der reichen Mandarine und Kaufleute kam die Kultur. Sie fand hier ihren feinsinnigsten Ausdruck in der Anlage prachtvoller Gartenkunstwerke. Eine Reise durch den Osten wird nicht nur zu einem kulturellen Erlebnis, sondern vermittelt auch einen tiefen Eindruck von dem modernen, dynamischen China, denn seine seit dem 9. Jahrhundert währende wirtschaftliche Vormachtstellung hat dieser Landesteil bis heute nicht aufgegeben.

Dagegen konnte der Süden Chinas als Randregion politisch fast nie eine bedeutende Rolle spielen. Auf sich gestellt taten die Menschen stets das, was sie am besten konnten – Geld verdienen. Ansonsten waren sie meist Spielball in einer Geschichte, die in fernen Hauptstädten geschrieben wurde. Erst mit dem Aufkreuzen westlicher Kanonenboote begann der Süden eine letztendlich sogar zentrale, politische Rolle als Katalysator im Geburtsdrama des neuen China zu spielen. Zwietracht, Unruhen, Kriege und Rebellionen waren das Ergebnis der ersten Ost-West-Kon-

Die Industriestadt Lanzhou war ein wichtiger Handelsplatz an der alten Seidenstraße (oben). Abends wird im Moslemviertel von Xi'an ein bunter Nachtmarkt aufgebaut (Mitte). Ein Vertreter der Traditionellen Chinesischen Medizin: Doktor Ho aus Baisha in Yunnan (unten). Der Gelbe Fluss in der Bergregion von Qinghai (links unten).

takte. Doch aus diesen Erfahrungen ging eine in ihrer Aufgeschlossenheit geradezu revolutionäre Grundhaltung der Einwohner hervor, die als Erste erkannten, dass China sich einer modernisierenden Welt anzupassen habe. So ist Chinas rasanter wirtschaftlicher Aufstieg vor allem dem Süden zu verdanken.

Land der Berge

Chinas unüberwindbare Berge begünstigten immer wieder den Zerfall des Reiches und die Trennung in Regionen, die übersichtlicher und einfacher zu regieren waren. Für den Südwesten konstatierte der Tang-Poet Li Bai im 9. Jahrhundert sogar, dass der Pfad nach Sichuan schwieriger sei als der Weg zum Himmel. Die Unzugänglichkeit bot aber auch Schutz und Geborgenheit. Buddhisten und Daoisten errichteten in der Abgeschiedenheit heiliger Berge riesige Klosteranlagen. Die wilden, zerklüfteten Gebirgsregionen der Provinz Sichuan am Übergang nach Tibet ermöglichten mit ihren endlosen Bambuswäldern den Pandabären das Überleben. Die Gebirge Yunnans und Guizhous wurden zum Rückzugsgebiet zahlreicher aus den Niederungen verdrängter Minderheitenvölker, die den Südwesten zu einer der ethnisch vielfältigsten Regionen Chinas machen.
Der Nordwesten Chinas ist ein Konglomerat verschiedener lebensfeindlicher Wüsten, nur vereinzelt unterbrochen von fruchtbaren Regionen. Mit der Taklamakan (der Name bedeutet, wer hineingeht, kommt nicht mehr hinaus), befindet sich darunter die zweitgrößte Sandwüste der Welt. Dennoch blühten hier die Oasenkönigreiche, entstanden hier einige der bedeutendsten buddhistischen Kulturstätten. Von schier unüberwindlichen Hochgebirgen abgeschottet konnte sich Tibet, seit jeher eng mit dem chinesischen Nordwesten in Beziehung, zu einem buddhistischen Staat entwickeln, der bis heute nichts von seiner Faszination verloren hat.

Kloster Tashilhunpo, der Sitz des Pantschen-Lama in Shigatse (oben). Traditionelle Tracht einer Naxi-Frau in Yunnan (Mitte). Der Große Panda ist das Nationaltier Chinas (unten). Zwei Naxi-Frauen beim Schwätzchen in der Altstadt von Lijiang (rechts unten). Blick auf den Shishapangma (8012 m) in Tibet (rechte Seite).

Schattenboxen auf dem größten Platz der Welt, dem Platz des Himmlischen Friedens (oben). Löwen dienen als Wächter zum Schutz kaiserlicher Gebäude in der Verbotenen Stadt (Mitte). Der Lamatempel (unten) ist nicht nur ein herausragendes Highlight wie der Himmelstempel (rechts), sondern ein aktives buddhistisches Zentrum.

Peking und der Norden

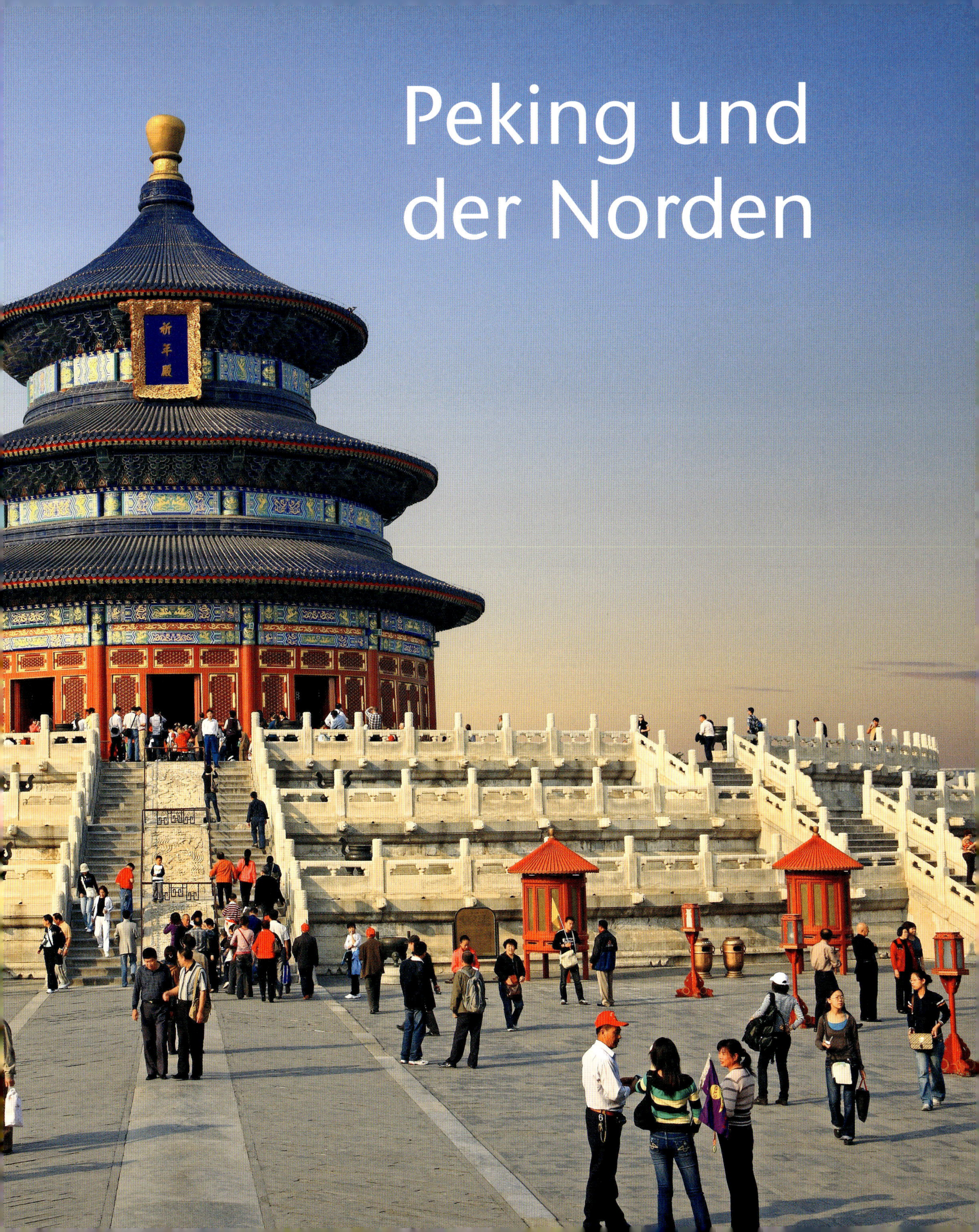

Der Central Business District bildet das moderne Gesicht Pekings (Mitte), aber in den typischen Gassen, den Hutong, geht das Leben wie hier beim Opfer im Tempel seinen traditionellen Gang (unten). Die Halle der Höchsten Harmonie (Taihe Dian) war im alten China der Thronsaal des Kaisers (rechts) und Zentrum des Universums.

1 Nahtstelle von Himmel und Erde – Peking

Zentrum der Welt

»Niemand kann bestreiten, dass Peking ein Meisterwerk geheimnisvollen Schaffens ist ... Die Hauptstadt des größten Reiches unter dem Himmel ist um ihrer selbst willen gewollt worden gezeichnet wie ein Schachbrett ganz im Norden der gelben Ebene, umgeben von geometrischen Wällen, durchzogen von breiten Straßen, in rechten Winkeln zerschnitten von Gassen und dann bebaut in einer einzigen monumentalen Anstrengung«, schrieb Victor Ségalen in seinem 1922 erschienenen Roman *René Leys*.

Peking (Beijing) ist im Laufe seiner langen Geschichte immer wieder von Eroberern zerstört und neu aufgebaut worden. Am schlimmsten wüteten die Mongolen, aber Kublai Khan, der erste Fremdherrscher über das Reich der Mitte, ließ die Stadt prächtiger als je zuvor wieder aufbauen und machte sie erstmals zur Hauptstadt Gesamtchinas. Ab 1406 ordnete der dritte Ming-Kaiser Zhu Di (Yongle, reg. 1403–1424) ein gigantisches Bauprogramm an, in dessen Verlauf die Verbotene Stadt, der Himmelstempel und zahllose weitere Bauwerke entstanden. 1421 war die neue Hauptstadt der Ming-Dynastie fertig. Sie blieb bis heute mit einer kurzen Unterbrechung zwischen 1911 bis 1949 die prunkvolle Kapitale Gesamtchinas. Waren die Zerstörungen der Vergangenheit die Folge von Eroberungen, so fanden Abriss und Neuaufbau seit den 1990er-Jahren gleichzeitig statt. Über viele Jahrhunderte gewachsene Viertel wurden auf einen Schlag abgerissen.Das einst nach kosmischen Vorgaben erbaute Zentrum göttlicher Macht, lang als monströses Dorf verspottet, musste der Moderne weichen und die gemütlichen charakteristischen Hutong, die typischen Pekinger Gassen, den endlos aufgereihten Einkaufszentren, Apartment- und Büroblocks. So wie einst die Kaiser ihre Stadt als Abbild des Universums errichteten, haben sich Chinas Herrscher des 21. Jahrhunderts ihre Hauptstadt als Symbol des neuen, machtvollen China erschaffen. Keine andere Metropole Chinas ist geeigneter, eine Brücke aus der Vergangenheit in die Zukunft zu schlagen. Das macht die Stadt so faszinierend und einen Besuch so aufregend.

Zwischen den wuchtigen Designgebäuden (oben) breiten sich noch immer die alten Hutong, die Pekinger Gassen, mit ihrem gemächlichen Alltag aus (Mitte). Auf dem Platz des Himmlischen Friedens steht das Denkmal der Volkshelden und dahinter das Mao-Mausoleum (unten). Jeder Park dient auch als Trainingsfläche (rechts oben).

Derb, aber herzlich

Ein Sprichwort sagt, »die Pekinger lieben das Land, die Shanghaier verlassen das Land, die Kantonesen verkaufen das Land«. So waren es die Shanghaier, die nach der kommunistischen Machtergreifung nach Hongkong auswanderten und der bis dato eher unbedeutenden britischen Kronkolonie zu ihrer heutigen Prosperität verhalfen. Die Kantonesen wiederum genießen den Ruf, geschickte Taktiker, kluge Politiker und gewitzte Geschäftsleute zu sein: Nicht zufällig waren es Südchinesen, die in den ersten fünf Jahrzehnten des 20. Jahrhunderts die Geschicke des Landes wesentlich prägten. Die Nordchinesen, körperlich übrigens in der Regel größer und kräftiger als ihre Landsleute im Süden wirkend, gelten als hart im Nehmen, ein wenig derb, plump und zurückhaltend, dafür aber herzlich und treu. Ihnen, die sich als Bewahrer der chinesischen Kultur – auch der chinesisch-kommunistischen – fühlen, gelten die Südchinesen als zu verwestlicht: ein Konflikt, der bis ins 21. Jahrhundert fortbesteht.

Dennoch blicken die Pekinger noch immer ein wenig neidvoll auf ihren großen Konkurrenten Shanghai, mit dem sie, zumindest was Äußerlichkeiten angeht, in ständigem Wettstreit liegen. Alles soll bei ihnen besser, schneller und effektiver sein als dort. Doch gibt es in Peking weder die lässige, überhebliche Eleganz der Weltstadt Shanghai noch die schneidige, laute Weltoffenheit der Kantonesen. Peking muss als Nabel der Landesbürokratie mit einem Gewirr von Behörden- und Verwaltungsapparaten leben: Es ist nicht nur der Sitz der Regierung der Volksrepublik China, des bevölkerungsreichsten Staates der Erde, und zugleich eine zentralverwaltete Stadtregion, sondern es beherbergt auch die Organe der weltgrößten politischen Partei, die weiterhin (zumindest offiziell) die Theorie und Praxis des Marxismus-Leninismus als einzige Wahrheit verkündet. Diese staatlichen Institutionen generieren eine riesige – direkte oder indirekte – Nachfrage nach Verwaltungspersonal, das sich seinerseits ganz selbstverständlich als nationale Elite begreift. Die Einwohner fühlen sich privilegiert, so nah am Zentrum der Macht. Doch Privilegien wollen erhalten werden, und so muss der Pekinger vorsichtig taktieren. Weltoffenheit nach außen zu demonstrieren ist nicht sein Ding. Deshalb ist es nicht weiter verwunderlich, dass angestaute Frustrationen sich gerne in Ausmaßen historischer Dimension entladen. Zuletzt im Frühjahr 1989 am Platz des Himmlischen Friedens, als die chinesische Armee ihr eigenes Volk niederschoss.

Auch in Zukunft wird Peking ein riesiges Experimentierfeld der Politik sein. Auf dieser Ebene ist Chinas Hauptstadt geblieben, was sie über viele Jahrhunderte war: eine Bastion der Macht, ausgeübt hinter den hohen undurchdringlichen Mauern des Regierungsviertels, und Lebensort einer Bevölkerung, die sich stets bewusst ist, dass sie in diesem Zentrum lebt und am Glanz, aber auch am Untergang von Stadt, politischer Führung und Land direkt teilhat.

Palast der Himmelssöhne

Der Machtkern von heute befindet sich gleich westlich vom Kaiserpalast in Zhongnanhai, der ehemaligen höfischen Gartenanlage, und hat damit seinen Nukleus seit Kublai Khan kaum verlagert. Die Geschichte des wohl eindrucksvollsten Bauwerks in China begann allerdings erst mit dem Ende der Mongolenherrschaft, als der dritte Ming-Kaiser Yongle sein neu errichtetes Domizil nach 17-jähriger Bauzeit im Jahr 1420 bezog. Der offizielle Name des Palastkomplexes, Purpurne Verbotene Stadt, bezieht sich weniger auf die Purpurfarbe seiner Mauern als vielmehr auf den verborgenen purpurnen Bereich im Himmel, den Sitz des Polarsterns, der für die Chinesen im Zentrum des Himmels steht – so, wie der Kaiserpalast das Zentrum dessen bildet, was unter dem Himmel, also auf der Erde ist. Der konfuzianischen Staatsdoktrin entsprechend war er mehr als bloß Regierungssitz und Residenz, der Kaiserpalast war das irdische Spiegelbild der im Universum waltenden Ordnung. In seiner gesamten Architektur und Symbolik manifestierte sich nach außen hin sichtbar die zentrale Funktion des Kaisers als Himmelssohn, als Mittler zwischen Himmel und Erde, dessen wichtigste Aufgabe es war, die im Kosmos waltende und mit der Erde korrelierende Ordnung durch eine korrekte Regierung und Befolgung der Riten zu erhalten.

Der Palast diente 24 Kaisern der Ming- und Qing-Dynastie als Residenz und Regierungssitz. Bis zum Sturz des Kaiser-

Die Halle des Erntegebets (oben) auf dem Gelände des Himmelstempels, das man am besten über das Südtor (links) betritt, wurde ohne einen Nagel erbaut. Im Inneren betete der Kaiser für eine gute Ernte (Mitte). Der kaiserliche Thron in der Halle der Höchsten Harmonie (Taihe Dian) im Kaiserpalast (unten).

reichs (1911) empfingen die Herrscher hier ihre Minister und Generäle sowie ausländische Gesandte, erledigten die laufenden Staatsgeschäfte und verließen ihre »Stadt« nur wenige Male im Jahr, um z. B. die vorgeschriebenen Zeremonien im Himmelstempel oder im Erdtempel zu vollziehen oder um in ihren Sommerresidenzen Kühlung zu suchen. Während der südliche Teil des Palasts, der sogenannte Äußere Hof, die Regierungsgebäude beherbergte, reihten sich im nördlichen Teil der Anlage, dem Inneren Hof, die Wohnquartiere der kaiserlichen Familie und der unzähligen Konkubinen aneinander.

Nahtstelle zum Kosmos

Der bedeutendste Ort für den Staatskult am Kaiserhof und die Abhaltung der wichtigen konfuzianischen Riten war der Himmelstempel: Er diente der Anbetung des Himmels und dem Erflehen einer reichen Ernte. Es war nämlich seit Anbeginn eine der wichtigsten Aufgaben des Kaisers überhaupt, die Rahmenbedingungen für gute Ernten zu schaffen. Dazu gehörte die Flutkontrolle ebenso wie die Erstellung des Bauernkalenders, der Ausbau von Handelswegen und die Versorgung der Bevölkerung. Weil nach chinesischem Verständnis das soziale Leben der Menschen nichts anderes als ein Abbild der im Mikro- wie im Makrokosmos waltenden Ordnung ist, hatte der Kaiser mithilfe hierarchiegerechter Verhaltensweisen und Rituale die Harmonie im Lauf der Welt zu erhalten. Störte er die Ordnung des Kosmos, kam es zu Naturkatastrophen, sodass ihm das Mandat des Himmels entzogen werden konnte. Meist geschah das durch Bauernaufstände, die so manche Dynastie hinweggefegt haben.

Diese spirituelle Kosmosvorstellung schlägt sich in der Gestaltung der gesamten Palastanlage nieder. Den Himmel stellte man sich rund vor, und so sind die drei zentralen Gebäude ebenfalls rund und wie die runden Umfassungsmauern mit blauen Ziegeln gedeckt, während der Altar, dessen Konstruktion vollständig auf der den Kaiser symbolisierenden Zahl neun oder einer durch neun teilbaren Zahl basiert, und die Halle der Ernteopfer von einer sinnbildlich die Erde darstellenden viereckigen, mit grünen Ziegeln gedeckten Umfriedung umgeben sind.

Vollendete Harmonie

Wohl kaum ein anderes Bauwerk der Verbotenen Stadt wird häufiger fotografiert als die Halle der Ernteopfer (Qinian Dian), eine architektonisch vollkommen harmonische, in sich ruhende Rundhalle. 28 riesige Holzsäulen sowie viele miteinander verbundene Querbalken und Bohlen tragen das Dach des 38 Meter hohen Baus. Am gewaltigsten sind die vier mittleren Säulen, die mit sich windenden Golddrachen auf buntem Hintergrund verziert sind. Sie stehen für die vier Jahreszeiten. Den zwölf Monaten des Jahres entsprechen die folgenden im Kreis angeordneten zwölf Säulen; zwölf weitere Säulen symbolisieren die zwölf Tageszeiten; alle 24 Säulen zusammen bedeuten die 24 Abschnitte des Solarjahres im chinesischen Bauernkalender – eine durch und durch von Symbolik getragene Konstruktion. Im Zentrum des steinernen Fußbodens befindet sich ein großes Stück gemusterten Marmors,

Der Altar im Jietai-Tempel ist einer der wichtigsten Ordinationsaltäre Chinas (links unten). In der Kaiserlichen Akademie (links oben) gleich neben dem Konfuziustempel (rechts unten) wurden die Anwärter auf die kaiserlichen Beamtenprüfungen vorbereitet. Die Namen der erfolgreichen Prüflinge wurden im Konfuziustempel auf Stelen verewigt (oben).

Xidan (oben) ist eines der großen Einkaufsviertel der Stadt. Der Lamatempel (Mitte) ist der größte tibetische Tempel Pekings. Südlich davon dient der Dongdan-Park als Übungsfläche für das traditionelle Taiji (unten). Die Drei Hinteren Seen sind der Partyhotspot der Stadt und Ausgangspunkt für Rikschafahrten (rechte Seite).

auf dem die Natur selbst Drachen und Phönix, die Symbole für Kaiser und Kaiserin, gezeichnet hat.
Trotz oder vielleicht auch wegen der beeindruckenden Architektur ist der 270 Hektar große Park rund um den Himmelstempel eine beliebte Begegnungsstätte für die Hauptstädter. Hier wird in Gruppen Taiji Quan (Schattenboxen) geübt, Walzer getanzt, Sport getrieben, aus anderen Ecken erklingt Chorgesang oder Musik. An kaum einem anderen Ort der Stadt lässt sich der Alltag der Pekinger so anschaulich beobachten.

Von Buddha zu Konfuzius

Einblicke in das religiöse Leben der Hauptstadt erlaubt der Lamatempel oder Palast der Harmonie und des Friedens (Yonghe Gong). Er ist der größte und prächtigste Tempel des tibetischen Buddhismus in Peking. Seine zahllosen Gebäude sind um fünf Höfe entlang einer Nord-Süd-Achse gruppiert. Hier lebte bis zu seiner vom Zwielicht umhüllten Thronbesteigung im Jahr 1723 ein Prinz namens Yinzhen. Dieser ließ nicht nur seine Brüder rücksichtslos verfolgen und ausschalten, sondern er soll auch beim Tod seines Vaters die Hand im Spiel gehabt haben, um sich die Thronfolge zu sichern. Der nun unter dem Namen Yongzheng von 1723 bis 1735 regierende Kaiser überließ einen Teil der Anlage den Anhängern des tibetischen Buddhismus als Tempel, den Rest nutzte er selbst für seine kurzen Besuche. Nach seinem Tod wurden die grünen Dachziegel durch die jetzigen in kaiserlichem Gelb ausgetauscht, und bereits kurze Zeit später wurde unter dem Qianlong-Kaiser die ursprüngliche Residenz 1744 endgültig zu einem lamaistischen Tempel.
Einen Steinwurf entfernt breitet sich der weitläufige Komplex des Konfuziustempels und der ehemaligen kaiserlichen Akademie aus. Die Philosophie des chinesischen Weisen sollte die östliche Welt so nachhaltig befruchten, dass sie bis heute die Gesellschaften Ostasiens prägt. China ist nach Jahrzehnten der Leugnung seiner althergebrachten geistigen Werte mit Eifer dabei, dieses Erbe zu erneuern, das im Konfuzianismus der Kleinen Tradition, dem sogenannten Dorfkonfuzianismus, schon seit den 1980er-Jahren wieder existiert. Seine wichtigsten Erscheinungsformen sind: Volksreligion einschließlich Magie und Animismus; Bildung von Geheimgesellschaften; das Feiern der traditionellen Feste, die seit 2008 wieder offizielle Feiertage sind; spezifische Kunstformen in der Bildhauerei und im Scherenschnitt; das Volksgesundheitswesen mit traditioneller Pharmazie und Akupunktur.
Berühmt sind die mächtigen Stelen der Anlage: Auf 198 Tafeln sind hier die Namen und Geburtsorte von 51 624 Kandidaten eingemeißelt, die erfolgreich die kaiserlichen Beamtenprüfungen bestanden haben. Diese strengen Prüfungen waren im alten China die Voraussetzung, um eine politische Karriere starten zu können. Nur wer diese Hürde überwand, konnte eine Karriere als Minister oder hoher Mandarin einschlagen. Im China des 21. Jahrhunderts hat man sich an die alten Regeln erinnert; so müssen sich heutzutage die Bewerber um einen Job im Staatsdienst wieder Auswahlprüfungen unterziehen.

Hauptstadt der Künste

Die Liste der historisch bedeutsamen Bauwerke Pekings ist lang und die Verbotene Stadt, der Himmelstempel oder Lamatempel sind nur die grandiosesten unter den vielen Zeugnissen alten imperialen Glanzes. Dagegen symbolisiert der Platz des Himmlischen Friedens als größter Platz der Erde und ehemalige Aufmarschfläche für Millionen Rotgardisten wohl eher Mao Zedongs Größenwahn. Weniger prominent, aber keinesfalls weniger beeindruckend sind die unzähligen buddhistischen und daoistischen Tempelanlagen, die weitläufigen Residenzen ehemaliger Prinzen und die typischen quadratischen Vier-Harmonien-Höfe, wo das Leben noch im traditionellen Rhythmus pulsiert und die als »Living Museum« reichlich Anschauungsmaterial bieten.

Doch Peking wartet nicht bloß mit Zeugnissen aus der Vergangenheit auf. Schleichend haben sich an der Peripherie der Macht zahlreiche Künstlerviertel entwickelt, die heute zusammengenommen die größte Künstlercommunity der Welt bilden. Nirgendwo sonst gewinnt man einen so geballten Eindruck von der Entwicklung chinesischer, ja sogar internationaler Kunst wie hier. Den Beginn machte in den 1990er-Jahren die berühmte Fabrik 798, ein Werksgelände im Bauhaus-Stil, das die einzigartige, teilweise vom Verfall gezeichnete Kulisse für eine Hundertschaft an Galerien abgibt. Anfangs hatten hier auch viele Künstler ihre Ateliers, aber mit deren steigender Berühmtheit explodierten die Mieten, sodass nicht wenige etwas weiter nach Nordosten in den Bezirk Coachangdi abwanderten oder aber in die alte Beihuqu Liquor Factory im Norden der Stadt. Zu einem veritablen Künstlerdorf hat sich Songzhuang im Osten Pekings gemausert: Hier haben sich über 3000 Künstler aus aller Welt niedergelassen und damit endgültig den Ruf Pekings als Welthauptstadt der Kunst gefestigt.

HIER STEPPT DER BÄR

Peking bietet fantastische Möglichkeiten, Kultur und Freizeit zu verbinden, und zwar rund um die Drei Hinteren Seen im Stadtteil Xicheng. Diese Seen wurden früher auch Shicha-Seen genannt, nach den die Ufer säumenden zehn Tempeln. In der Qing-Zeit errichteten hohe Beamte und Adlige hier ihre zum Teil bis heute erhaltenen Residenzen und Sommerfrischen. Zu neuem Leben erwachte die Gegend im Jahr 2000, als mit der No-Name-Bar die erste Kneipe direkt am Ufer des Hou Hai, dem mittleren der drei Seen, eröffnet wurde. Dem Startschuss folgte eine gastronomische Explosion, die das Gesicht der Drei Hinteren Seen vollständig verändert hat. Heute brummt hier das Nachtleben. Ungezählte Bars, Cafés und Restaurants säumen die Uferpromenaden, die sich herrlich zum abendlichen Flanieren eignen. Wer noch Souvenirs benötigt, kann durch die im alten Stil restaurierte Yandai Xiejie mit ihren zahllosen kleinen Geschäften stromern.

WEITERE INFORMATIONEN

Beijing Tourist Information Center:
49 Di'anmen Xidajie am Zugang zum Qian Hai, Tel. (010) 64 03 68 35.
www.ebeijing.gov.cn,
www.btmbeijing.com,
www.thebeijinger.com

Einzig die Ruinen der Europäischen Gebäude blieben nach den Zerstörungen durch die Alliierten übrig (Mitte). Über 700 Meter lang ist der prachtvolle Wandelgang im Sommerpalast (unten). Fahren heute Drachenboote über den Kunming-See (rechts oben), genoss die Kaiserinwitwe die Aussicht vom Marmorschiff (rechts unten).

2 Sommerpalast und Westberge

Rückzugsorte der Kaiser

Am Fuß der Peking im Westen begrenzenden Westberge erstrecken sich mit dem Alten Sommerpalast und dem Sommerpalast die wohl berühmtesten Gärten Chinas überhaupt. Während der Qing-Zeit entstanden am Stadtrand aber noch zahlreiche andere weitläufige Gartenanlagen als Erholungsorte für die Mitglieder des Kaiserhofs oder hohe Mandarine, Orte von kunstvoller Eleganz und Naturschönheit.

Dabei sind die Ruinen des Gartens der Vollkommenheit und des Lichts (Yuanming Yuan oder Alter Sommerpalast) im Nordwesten der Stadt ein trauriges Zeugnis kriegerischer Zerstörung. Schon 1860 war die Parkanlage im Laufe des Zweiten Opiumkrieges von französischen und englischen Truppen erstmals verwüstet worden, um eine Erweiterung ihrer im »Vertrag von Tianjin« festgeschriebenen Forderungen zu erreichen, darunter die Abtretung Kowloons an die britische Krone und die Errichtung von Gesandtschaften in Peking. Nach der Niederschlagung des Boxeraufstandes 1900 wurde der zu diesem Zeitpunkt schönste Garten Chinas von den alliierten Truppen schließlich komplett geschleift, und so verschwand mit ihm ein unvergleichliches Beispiel historischer Gartenbaukunst. Mahnende Überreste blieben einzig die Ruinen der Europäischen Gebäude. Heute ist der Alte Sommerpalast ein riesiges Naherholungsgebiet im Norden der Stadt. Teile der alten Anlage wurden nach alten Aufzeichnungen rekonstruiert und lassen ein wenig von der ursprünglichen Pracht erahnen.

Klassischer Garten in Vollendung

Als größter und besterhaltener Garten Chinas gilt der Garten der Harmonischen Einheit (Yihe Yuan), bekannter unter der Bezeichnung Sommerpalast. Nicht weit vom Alten Sommerpalast entfernt wurde mit seinem Bau im Jahr 1153 während der Jin-Dynastie begonnen. Über die Zeit der Yuan-, der Ming- und der Qing-Dynastie hinweg wurden die Arbeiten fortgesetzt, bis sie schließlich 1764 ihren Abschluss fanden. Der Park war mittlerweile auf 240 Hektar angewachsen und wurde nunmehr vom Kaiserhof als Sommerresidenz genutzt. 1860 wurde das Gelände, zusammen mit den anderen 28 Parkanlagen in den Westbergen, von englischen und französischen Truppen zerstört, um den Kaiserhof zu demütigen. 28 Jahre später bedankte sich Prinz Xi Xuan für seine Ernennung zum Marinechef mit der

Instandsetzung des Sommerpalasts, indem er Gelder umleitete, die eigentlich für den Wiederaufbau der kaiserlichen Flotte bestimmt waren. Während des Boxeraufstands von den Interventionstruppen erneut zerstört, wurde die Anlage 1903 nochmals gestaltet. Die vielen Hallen, Pavillons und Paläste beherbergen über 3000 Räume, die jeweils festgelegte Funktionen als Regierungsquartiere, private Residenzen oder als sakrale Bauten zu erfüllen hatten.

Der Duftende Berg

Die höchste Erhebung in den Westbergen ist der Xiang Shan, der Duftende Berg, dem der Park des Duftenden Berges (Xiangshan Gongyuan) seinen Namen verdankt. Sein ursprünglicher Name, Weihrauchgefäß-Berg, ist von den beiden Felsen auf dem Gipfel abgeleitet: Von unten betrachtet sehen sie wie ein Räuchergefäß aus, ein Eindruck, der sich noch verstärkt, wenn, wie so oft, die Nebelschwaden den Berg emporkriechen. Während der Liao-Dynastie (916–1125) noch kaiserliches Jagdrevier, wurde hier bereits unter der nachfolgenden Jin-Dynastie (bis 1234) der Xiangshan-Tempel fertiggestellt, der dem Kaiser während seiner Ausflüge Unterkunft gewährte. Der verschwenderische Qing-Kaiser Qianlong schließlich wandelte den alten kaiserlichen Garten zu einem seiner Sommerpaläste um und gab ihm den Namen Garten der Wohltuenden Stille. Insgesamt wurden 28 verschiedene Bauwerke errichtet und mit klangvollen Bezeichnungen wie »Die Westberge leuchten im Schnee« versehen.

Am Nordeingang zum Park zweigt ein Weg ab zu einer der schönsten Tempelanlagen der Stadt, dem Tempel der Azurblauen Wolke. Die 1331 erbaute Anlage, die für ihren marmornen, exzellent erhaltenen Vajra-(Diamantthron-)Stupa berühmt ist, zieht sich den bewaldeten Osthang des Xiang Shan hinauf und überwindet bis zum mächtigen, 35 Meter hohen und reich mit Buddhas, Drachen etc. verzierten Stupa im letzten Hof fast 100 Höhenmeter.

PER BOOT DURCH PEKING

Auch wenn es nicht gleich augenfällig ist: Chinas Hauptstadt wird von zahlreichen Kanälen durchzogen. Bis ins 15. Jahrhundert dienten diese Wasserstraßen dem Getreidetransport per Schiff, später nutzten sie die Mitglieder des Kaiserhofes für ihre Vergnügungsfahrten. Und heute machen es ihnen die Touristen nach: Die interessanteste Route ist der Trip zum Sommerpalast. Die Ausflugsschiffe fahren bis zum südlichen Ende des Kunming-Sees im Sommerpalast, wo man in den Gartenanlagen aussteigt. Abfahrtspunkt für diese gemütliche, etwa eine Stunde dauernde Fahrt ist u. a. der Beizhan-Hafen (Beizhan Houhu Matou) hinter dem Pekinger Ausstellungszentrum, nahe der U-Bahnstation Beijing Zoo der U4. Abfahrten täglich von 10–16 Uhr jede volle Stunde; Rückfahrt ab Sommerpalast 11–17 Uhr jede volle Stunde. Die einfache Fahrt kostet 40 Yuan, die Hin- und Rückfahrt 70 Yuan.

WEITERE INFORMATIONEN

www.summerpalace-china.com,
www.yuanmingyuanpark.com

Der Weg der Seelen, der zu den 13 Gräbern der Ming-Kaiser führt, beginnt am Großen Roten Tor (Mitte) und wird von steinernen Fabeltieren (unten) und grimmig schauenden Soldaten und Beamten (rechts oben) flankiert. Die eigentlichen Gräber sind unterirdisch und liegen unter einem Hügel hinter der Opferhalle (rechts unten).

3 Ming- und Qing-Gräber

Unterirdische Paläste

Jeder Kaiser ordnete schon zu seinen Lebzeiten den Bau seiner Grabstätte an, der nicht selten Jahrzehnte dauerte. In der Konstruktion eines jeden Mausoleums spiegelt sich symbolisch die Architektur des Kaiserpalastes wider: Der Grundriss besteht stets aus einem viereckigen vorderen Teil, der den Palast, und einem kreisförmigen hinteren Bereich, der den kaiserlichen Hof versinnbildlicht.

Im alten China glaubte man, dass die Seele eines Verstorbenen im Diesseits wandele und den Menschen Glück oder Unglück bringen könne. Aus diesem Grund mussten die Seelen nicht nur durch die Rituale des Ahnenkults zufriedengestellt werden, auch die Grabstätten mussten der Bedeutung der Verstorbenen Rechnung tragen. Zeugnisse dynastischer Erinnerungskultur sind die im Norden, Westen und im Osten Pekings befindlichen drei imposanten, kaiserlichen Nekropolen mit den Gräbern der Ming- und Qing-Herrscher.

Ming-Gräber

Rund 50 Kilometer nordwestlich der Stadt bestimmten Geomanten das Areal für die Gräber der 13 hier bestatteten Ming-Kaiser. Das architektonische Grundmuster ist bei fast allen Gräbern identisch: 100 bis 150 Meter vor dem drei Zugänge aufweisenden Eingangstor steht eine von einer mächtigen Schildkröte getragene Stele. Die Schildkröte steht nicht nur für unwandelbare Festigkeit, sie symbolisiert auch dank ihres runden Panzers den Himmel und wegen ihrer flachen Unterseite die Erde. Hinter dem Eingangstor folgen ein, zwei oder drei Höfe; die meisten Gräber weisen zwei auf. Im ersten oder zweiten Hof befindet sich die Opferhalle, vor der rechts und links Keramiköfen zum Verbrennen der Opfergaben stehen. Ein weiteres Tor führt in den zweiten bzw. dritten Hof. Hier verwehrt eine Geisterwand den direkten Blick auf den dahinter befindlichen Altar, auf dem steinerne Nachbildungen der Fünf Heiligen Gefäße (zwei Vasen, zwei Leuchter, ein Räuchergefäß) ruhen. Es folgt der in vier Richtungen offene Stelenpavillon bzw. Seelenturm. In die dort aufgestellte Grabsäule ist der Name des hier bestatteten Kaisers eingraviert. Den Abschluss der Grablege beschließt der eigentliche, ovale oder runde Grabhügel.

Östliche Qing-Gräber

Wurden die beiden Wegbereiter der mandschurischen Qing-Dynastie Nurhaci

und Abahai noch in ihrer ursprünglichen Hauptstadt Shenyang (Mukden) bestattet, suchten sich ihre China regierenden Nachfolger einen Begräbnisplatz im Einzugsbereich von Peking. Für den Bau der Grablegen am südlichen Fuß der Changrui-Bergkette, 125 Kilometer östlich der Stadt, dienten die Ming-Gräber als Vorbild. Neben dem ersten Kaiser der Dynastie Shunzhi sind hier der Kangxi-, Qianlong-, Xianfeng- und der Tongzhi-Kaiser in weitläufigen Anlagen bestattet. Außerdem gibt es noch zahlreiche weitere Mausoleen, in denen die Kaiserinnen und Konkubinen beigesetzt wurden.

Westliche Qing-Gräber

Dass es zwei Qing-zeitliche Grabanlagen gibt, hat wahrscheinlich seinen Grund in den Ränkespielen kaiserlicher Nachfolgestreitigkeiten. Nachdem der Yongzheng-Kaiser den Machtanspruch für sich entschieden hatte, indem er den Thronfolger sowie weitere Brüder ausgeschaltet, im Klartext umgebracht hatte, überfielen ihn offensichtlich Skrupel, seine letzte Ruhestätte neben der seines Vaters zu errichten (zumal er dessen Ermordung möglicherweise ebenfalls initiiert hatte). Die offizielle Begründung lautete dahingehend, dass sich bei den Östlichen Gräbern keine geeignete Stelle mehr für ein kaiserliches Grab finden lasse, sodass 125 Kilometer südwestlich von Peking, am Fuß der Yongning-Berge, ein neues Areal erschlossen wurde. Yongzhengs Thronfolger, der Qianlong-Kaiser, sah die Sache ganz anders und gab ein Edikt heraus, demzufolge spätere Kaiser immer abwechselnd im Osten und Westen bestattet werden sollten. Dementsprechend befinden sich die Mausoleen des Jiaqing-Kaisers, des Daoguang- und des Guangxu-Kaisers im westlichen Begräbnistal. Einzig Puyi, dem letzten Kaiser, der entmachtet ein Leben unter Hausarrest führte und 1967 starb, wurde die Bestattung in den Kaisergräbern verwehrt; er wurde eingeäschert und auf dem Pekinger Prominentenfriedhof Babaoshan beigesetzt.

DER PAGODENWALD VOM YIN SHAN

Nordöstlich der Ming-Gräber kann man dem Pagodenwald vom Yin Shan (Yin Shan Talin) einen Besuch abstatten. Am Fuß des Silberbergs (Yin Shan) ragen sieben eindrucksvolle 20 bis 30 Meter hohe Pagoden in den Himmel. Sie sind Teil einer Gruppe von ursprünglich 18 Pagoden, die im 12. und 13. Jahrhundert während der Jin- und der nachfolgenden Yuan-Dynastie errichtet worden sind. In jener Zeit war die Bergregion eines der großen religiösen Zentren Nordchinas: An den Hängen der umliegenden Berge gab es 72 buddhistische Klöster. Der weitläufigste Tempelkomplex war das Dayansheng-Kloster, zu dem die Pagoden gehörten. Bürgerkriege und die Invasion der Mandschus führten ab dem 17. Jahrhundert dazu, dass die Mönche ihre Klöster nach und nach verließen. Einzig fünf Pagoden aus der Jin-Zeit und zwei aus der Yuan-Zeit, in denen Äbte umliegender Klöster bestattet worden waren, haben sich erhalten. Die Pagoden hinter sich zurücklassend, kann man in rund einer Stunde auf den Gipfel des Yin Shan wandern.

WEITERE INFORMATIONEN

www.mingtombs.com,
www.qingdongling.com

Der Alte Drachenkopf (Lao Longtou) bei Shanhaiguan markiert den Beginn der Großen Mauer (Mitte), auf der heute wie in Badaling Soldaten für die Besucher in alten Uniformen posieren (unten). Die Mauer zwischen Jinshanling (rechts oben) und Simatai (rechts unten) gehört zu den schönsten Abschnitten in der Umgebung Pekings.

4 Die Große Mauer

Grenzwall der Superlative

Das menschliche Bedürfnis, sich Sicherheit durch Mauern zu schaffen, ist uralt und weltweit verbreitet. Aber wohl nirgendwo sonst spielten Mauern so lange eine so dominierende Rolle wie in China. Die Mauer war heilig und gleichzeitig Kennzeichen einer Kreisstadt. Übrig gebliebenen ist diese Symbiose in dem Wörtchen und dem Schriftzeichen cheng, das sowohl Stadt als auch Mauer bedeutet.

Schon früh spielten Festungsmauern in China eine wichtige Rolle sowohl bei der Verteidigung von Städten als auch von ganzen Ländern. Sie gehörten neben Erdaltar und Ahnentempel zu den heiligsten Bauwerken. Konnte ein Angreifer seine Fahne auf der Mauer hissen, galt die Stadt oder das Land als gefallen. So baute der Staat Chu im 7. Jahrhundert vor Christus einen Schutzwall, um sich der Angriffe Qis zu erwehren, und andere Staaten folgten dem Beispiel. Nach der Einigung des Reichs durch Qin Shi Huangdi (259 bis 210 v. Chr.) konnte dieser bereits über einen ganzen Mauergürtel der Staaten Yan, Zhao und Yin verfügen. Er ließ diese Mauern untereinander verbinden und schuf so ein gewaltiges 6000 Kilometer langes Bauwerk, das vom heutigen Shenyang bis weit in die Provinz Gansu reichte. Nach dem damaligen Maß waren das etwa 10 000 Li, daher rührt auch der Name 10 000-Li-Mauer (Wanli Changcheng), der bis heute in China gängig ist.

Bollwerk gegen die Mongolen

Während der Han-Dynastie (206 v. Chr. bis 220 n.Chr.) wurde die Mauer bis nach Dunhuang im fernen Westen Chinas verlängert, um das Reich vor den fortgesetzten Angriffen der Hunnen zu schützen. In dieser Zeit erreichte sie eine Gesamtlänge von 10 000 Kilometern. Mit dem Zusammenbruch des Hauses Han verlor dieses gewaltige Bollwerk seine Funktion. Die einzelnen Nachfolgestaaten bauten je nach Bedarf neue Mauern, die schließlich unter dem ersten Ming-Kaiser Zhu Yuanzhang, der von 1368 bis 1398 regierte, erneut zu einem einzigen Bauwerk zusammengeschlossen wurden, um das den Mongolen entrissene und wieder unter chinesischer Führung geeinte Reich vor weiteren Angriffen zu schützen. Bis ins 16. Jahrhundert hinein zogen sich die Bauarbeiten hin. Hunderttausende Soldaten und Zwangsarbeiter schufteten wie schon zur Zeit Qin Shi Huangdis an der Fertigstellung und schufen zwischen Shanhaiguan und Jiayuguan einen ein-

zigartigen, mit Steinplatten und Ziegelsteinen ummantelten, 6350 Kilometer langen Verteidigungswall, der durch zahlreiche Festungen, Aussichts- und Wachtürme ergänzt wurde.

»Schnellstraße« für Nachrichten

An der Basis war die Mauer im Schnitt sieben Meter tief, an der Krone sechs Meter. Ihre Höhe betrug zwischen sieben und neun Meter, teilweise erreichte sie sogar 16 Meter. Neun entlang der Mauer eingerichtete, direkt dem Kaiser unterstellte Militärkommandanturen hatten die Verteidigungsbereitschaft der Grenzregionen aufrechtzuerhalten. Sie nutzten die Mauer zur Kommunikation und zum (Truppen-)Transport. Die Nachrichtenübermittlung erfolgte durch ein ausgeklügeltes Signalsystem mittels Geschützdonner, Spiegeln, Feuer- und Rauchzeichen, als Relaisstationen dienten die Alarmfeuertürme entlang der Mauer. Die Erfindung des Schießpulvers ist ja eine der vier großen Erfindungen Chinas. Ab dem 11. Jahrhundert konnten Kanonen für militärische Zwecke eingesetzt werden. Ein Feuer und ein einmaliger Donnerschlag zeigten etwa hundert Feinde an, zwei Feuer und doppelte Geschützdonner signalisierten 500 Feinde. Rückte eine Armee von mehr als 10 000 Mann an, brannten fünf Feuer, und die Kanonen feuerten fünf Mal. Diese Alarmsignale verbreiteten sich bis zur Festung Juyong Guan nahe der Hauptstadt Peking. Von hier meldeten Reiter die eingegangenen Nachrichten an den Kaiserpalast.
Mit dem Beginn der Qing-Dynastie verlor die Große Mauer ihre schützende Funktion, da sie nun mitten durch das riesige Reich verlief. Langsam begann ihr Verfall. Erst Mitte des 20. Jahrhunderts besann man sich wieder dieses monumentalen Erbes, und seitdem werden die interessantesten Mauerabschnitte nach und nach restauriert.

»EINSAME« SCHÖNHEITEN – GROSSE MAUER UND KAISERGRÄBER EINMAL ANDERS

Sie wollen nicht an der Großen Mauer von Besuchermassen erdrückt werden, in der schwülen Gruft der Ming-Kaiser nach spärlichem Sauerstoff ringen oder den Tag hauptsächlich in Souvenirshops verbringen? Dann machen Sie sich allein auf den Weg, oder nehmen Sie sich mit anderen zusammen ein Taxi, denn nur etwa 120 Kilometer von Peking entfernt schlängelt sich einer der großartigsten Abschnitte des über 6000 Kilometer langen Bauwerks durch eine einsame, imposante Bergwelt. Die Mauer von Jinshanling gehört zu den am eindrucksvollsten gelegenen Teilen überhaupt. Bei klarem Wetter kann man ihrem gewundenen Verlauf bis in weite Ferne folgen. Sie weist einige Besonderheiten auf: in regelmäßigen Abständen wird sie von querstehenden, 2,5 Meter hohen Sperrwänden unterbrochen, sodass die Soldaten auch weiterkämpfen konnten, wenn die Mauer an einer Stelle bereits gestürmt worden war. Besonders zahlreich sind hier die Wachtürme, die an einigen Stellen alle 50 Meter aufeinander folgen. Zu erreichen ist Jinshanling über die Autobahn nach Chengde.

WEITERE INFORMATIONEN

http://badaling.gov.cn

Der Bau der Großen Mauer, hier bei Jinshanling, begann vor über 2000 Jahren und wurde in mehreren historischen Abschnitten fortgeführt. Sie sollte als Schutzwall gegen Angreifer aus dem Norden Chinas dienen. Ihre Gesamtlänge beträgt 6300 Kilometer.

Steinpagoden des legendären Tanzhe-Tempels, der im Stil der Ming-Dynastie gestaltet wurde (Mitte). Schon Marco-Polo beschrieb die nach ihm benannte Brücke, wo der Chinesisch-Japanische Krieg begann (unten). Friedlich geht es dagegen im mittelalterlichen Dorf Cuandixia zu (rechts oben und unten).

5 Höhepunkte im Südwesten

Tempel, Brücken und der Pekingmensch

Im gebirgigen Südwesten der chinesischen Hauptstadt gibt es zahlreiche überaus reizvolle Ausflugsziele. Die berühmtesten sind der Tanzhe Si, der älteste Tempel der Stadt, und der Jietai Si, einer der wichtigsten Ordinationstempel Chinas, weiters die Marco-Polo-Brücke, wo der Chinesisch-Japanische Krieg begann, und nicht zuletzt Zhoukoudian, die Heimat des Pekingmenschen.

Peking bietet eine derartige Fülle an bedeutsamen historischen Stätten und Museen, dass zwei Wochen kaum ausreichen, die meisten davon zu besuchen. Wer die Wahl hat, sollte sich für einige der Sehenswürdigkeiten in den Bergen der südwestlichen Vororte entscheiden. Ihnen ist gemeinsam, dass sie nicht in Besucherströmen ertrinken und das ist auch gut so. Denn hier kann man echte Highlights ohne den in der Hauptstadt sonst so oft quälenden Rummel genießen.

Zwei buddhistische Tempel

»Zuerst gab es den Tanzhe Si, danach entstand Youzhou (ein historischer Name Pekings)«. Der bekannte Ausspruch umreißt, wie alt diese idyllisch in die Berge des Bezirks Mentougou 45 Kilometer südwestlich von Peking eingebettete Anlage des Tempels des Teichs und der Wilden Maulbeere ist. Der Tanzhe Si wurde im 3. Jahrhundert gegründet; die heutigen Gebäude stammen allerdings aus dem späten 17. Jahrhundert. Seinen Namen erhielt er wegen der wilden, der Seidenraupenzucht dienenden Maulbeerbäume (Zhe-Bäume), und des in den Bergen versteckten Drachenteichs (Long Tan). Die berühmteste Bewohnerin des Tempels war übrigens Miaoyan, die Tochter des mongolischen Herrschers Kublai Khan, die hier zur Nonne geweiht wurde. Nicht weit davon breitet sich der weitläufige Komplex des 622 gegründeten Tempels des Weihealtars (Jietai Si) aus, von dem aus man bei klarer Sicht eine fantastische Sicht auf Peking hat. Eine der Hauptattraktionen des Tempels sind seine alten, knorrigen Pinien, die in geradezu grotesken Formen die einzelnen Ebenen der Anlage zieren. Viel berühmter ist jedoch der »Platz zur Auswahl Buddhas« (Xuanfo Chang): Hier erhebt sich der mit über drei Metern Höhe größte Weihealtar Chinas. Der Altar stammt aus der Ming-Zeit und zieht bis heute buddhistische Adepten aus ganz China an, die sich hier zu Mönchen ordinieren lassen.

Wo der japanische Krieg begann

Von einer höchst wechselvollen Geschichte hat das um 1640 erbaute Städtchen Wanping an der Peripherie Pekings zu erzählen. Der Ort ist umgeben von einer vollständig erhaltenen Stadtmauer. Berühmter ist allerdings die davor gelegene, 1192 erbaute Lugou Qiao, die in Europa unter dem Namen Marco-Polo-Brücke bekannt wurde, nachdem der umtriebige Venezianer sie in seinem Reisebericht beschrieben hatte. Die Brückengeländer werden von insgesamt 485 höchst individuell gestalteten, steinernen Löwenskulpturen geziert. In der jüngeren chinesischen Geschichte spielte die Brücke eine düstere Rolle, inszenierten hier doch japanische Truppen während eines Manövers am 7. Juli 1937 den »Zwischenfall an der Marco-Polo-Brücke«, indem sie ein Feuergefecht mit chinesischen Soldaten provozierten. Das Ereignis war der eigentliche Beginn des Chinesisch-Japanischen Kriegs, in dessen Verlauf Japan weite Teile Chinas unterwarf.

Die ersten Chinesen

Rund 50 Kilometer südlich der Stadt liegt Zhoukoudian, das als Fundort des Pekingmenschen zum UNESCO-Welterbe gehört. Zwischen 1927 und 1929 förderte man die vollständig erhaltene Schädeldecke eines Hominiden zutage, der vor 500 000 Jahren hier siedelte. Als Sinanthropus pekinensis wurde er weltberühmt. Weitere Grabungen ergaben, dass seine Zeitgenossen und Nachfahren den Drachenknochen-Hügel über einen Zeitraum von 300 000 Jahren als Siedlungsort nutzten.

Im Süden des Stadtteils Fangshan gibt es noch zahlreiche weitere Sehenswürdigkeiten. Sehenswert ist der Tempel der Wolkenresidenz (Yunju Si), eine wunderschön in den Bergen liegende Anlage, die zusammen mit den gegenüberliegenden buddhistischen Höhlengrotten im Berg der Steininschriften auch als Mini-Dunhuang bezeichnet wird. Ein Stück weiter südlich bieten sich schließlich noch Wanderungen im Flussgebiet der Zehn Windungen (Shidu) an.

EIN STÜCK ALTES CHINA

Auch wenn sich Peking höchst modern gibt, nur wenige Kilometer jenseits der Stadtgrenze geht es oft noch durchaus traditionell zu. Kaum hat man die Stadtgrenzen verlassen, trifft man auf Dörfer, in denen die Zeit stehen geblieben ist. So auch im 90 Kilometer westlich von Peking gelegenen Dorf Cuandixia, das sich in einem engen Tal an einen kargen Berghang schmiegt. Einst stand hier nur das Anwesen einer Familie. Nachfolgende Generationen bauten hier weiter, bis das Dorf schließlich aus rund 70 kleinen Hofhäusern bestand. In den alten, gemütlichen Gemäuern kann man für wenig Geld übernachten, fern von der Hektik der Großstadt relaxen und Spaziergänge in den umliegenden Bergen unternehmen. Es gibt alte Schreine, volksreligiöse Tempel und authentisches chinesisches Landleben zu entdecken. Von der Endstation Pingguoyuan der U-Bahnlinie 1 fährt täglich um 7:30 und 12:40 Uhr der Bus Nr. 929 zhi direkt nach Cuandixia. Alle paar Minuten fahren von hier Busse nach Zhaitang, wo man ein Taxi für die restliche Strecke nach Cuandixia nehmen kann.

WEITERE INFORMATIONEN

Websites (teilweise nur auf Chinesisch):
www.jietaisi.net, www.tanzhesi.com.cn, www.zkd.cn, www.lugouqiao.org.cn, www.yunjusi.co, www.shidu.com

Fabelwesen wie hier auf dem Dachfirst des Xumifushou Miao (Mitte) schützen Tempel und Paläste vor bösen Einflüssen. Blick auf die Thronhalle (unten) und die Gartenanlage (rechts unten) der Sommerresidenz. Vom Waschknüppelberg (rechts oben) hat man die beste Aussicht auf die kaiserlichen Paläste und Tempel von Chengde.

6 Chengde

Ein Sommerpalast und viele Tempel

Die alte Sommerresidenz der Qing-Kaiser in Chengde und die sie umgebenden Acht Äußeren Tempel gehören zu den interessantesten Sehenswürdigkeiten im Nordosten Chinas. Der sehr gut erhaltene Palastkomplex ist ein exquisites Beispiel für die höfische Kultur des 17. und 18. Jahrhunderts, während an den Tempelanlagen ein einzigartiger Querschnitt chinesischer Architekturstile studiert werden kann.

Rund 250 Kilometer nordöstlich von Peking liegt die nach chinesischen Maßstäben kleine Stadt Chengde, die bis 1911 unter ihrem mandschurischen Namen Jehol dem Kaiser als eine seiner Sommerresidenzen diente. Einschließlich Garten und Jagdrevier umfasst das gesamte Parkareal eine Fläche von 560 Hektar und ist damit der großzügigste kaiserliche Palastkomplex Chinas. Wegen seiner herrlichen Lage und des hierorts milden Klimas erhielt er 1708 von Kangxi den sprechenden Namen Bergschloss, in dem man der Sommerhitze entflieht (Bishu Shanzhuang). Die Kaiser kosteten die gute Luft so richtig aus: Über 150 Jahre lang verbrachten sie in Jehol beinahe die Hälfte des Jahres.

Treffpunkt der Mächtigen

In friedlichen Zeiten nutzten die Herrscher ihre Sommerresidenz als Ausgangspunkt für ausgedehnte Jagden und zum Empfang mongolischer, kasachischer, khalkhasischer und uigurischer Stammesfürsten. Diese staatspolitische Widmung war bereits 1703 im Gründungsdekret des Kangxi-Kaisers angesprochen, wo geschrieben steht, die Sommerresidenz sei »eine versöhnliche Geste gegenüber den ethnischen Gruppen, ein Platz zum Training von militärischem Geschick und ein Ort, um wichtige Gäste zu empfangen«.
Ausländer hatten nur in seltenen Ausnahmefällen Zutritt zum Palast, so die britische Gesandtschaft unter Earl George McCartney im September 1793, die eine Öffnung Chinas für den Handel erwirken wollte. Sie blieb ohne Erfolg. Die Briten sollten sich erst nach dem Zweiten Opiumkrieg 1860 siegreich fühlen, als der vor den alliierten Truppen von England und Frankreich nach Chengde geflüchtete Kaiser Xianfeng hier den Pekinger Vertrag unterzeichnen musste, mit dem ein Teil der chinesischen Souveränitat preisgegeben wurde.

Kriegerische Tempel

Außerhalb der Residenzumfriedung bilden elf, zwischen 1713 und 1780

erbaute Tempelkomplexe einen Halbkreis um den Palast. Da man sie verwaltungstechnisch in acht Gruppen fasste, heißen sie Acht Äußere Tempel. Mit Ausnahme des Tempels der Umfassenden Nächstenliebe (Puren Si) und des Tempels der Universalen Güte (Pushan Si) weisen alle Tempel mit ihren Haupteingängen hin zur Sommerresidenz. Sie symbolisieren so die ethnischen Gruppen Chinas, die dem Kaiser ihre Loyalität erweisen, was nichts anderes meint, als dass sie von ihm unterworfen worden waren.

Denn den Anlass zum Bau der meisten Tempel lieferte, wenig buddhistisch, vor allem die Unterjochung der Grenzgebiete im 18. Jahrhundert. So wurde der Tempel des Universalen Friedens (Puning Si) 1755 zum Gedenken an einen Sieg der Chinesen über die Dsungaren errichtet. Da sich die Nationalitäten der Mongolei zur lamaistischen Gelbmützenschule bekannten, wurde dieser Tempel dem tibetischen Samye-Kloster nachempfunden, einer heiligen Stätte des Lamaismus in Tibet, wo der tantrische Buddhismus über den chinesischen Chan-Buddhismus triumphiert hatte. Der Tempel zur Befriedung der Fernen Gebiete (Anyuan Miao) wurde 1764 zur Erinnerung an die Eroberung des Tarim-Beckens und des Ili-Gebietes (1756–1760) erbaut, und der 1766 errichtete Tempel der Universalen Freude (Pule Si) erinnert an die Niederschlagung der Dsungarenaufstände in Ost-Turkestan.

Der Tempel der Glückseligkeit und des Langen Lebens des Sumeru-Berges (Xumifushou Miao) wurde im Jahr 1780 errichtet. Er diente dem Pantschen Lama als Residenz bei seinen Besuchen und wurde dementsprechend dessen Klosterresidenz Tashilhunpo in Shigatse nachgebildet. In der Nachbarschaft erhebt sich der noch monumentalere Tempel der Putuo-Lehre (Putuo Zongsheng Miao), die mit 220 000 Quadratmetern die größte Anlage von Chengde ist und die dem Potala-Palast in Lhasa nachempfunden wurde. Ein wahrlich imperiales Geschenk für den Qianlong-Kaiser zu dessen 60. Geburtstag!

EIN SELTSAMER BERG

Zwischen dem Anyuan- und dem Pule-Tempel führt ein Sessellift in die Nähe einer seltsam geformten, 20 Meter hoch aufragenden Felssäule. Diese bizarre Felsskulptur, die aussieht, als würde sie jeden Moment umfallen, ähnelt einem chinesischen Waschknüppel, mit dem man früher den Schmutz aus der Wäsche geschlagen hat, und so trägt er den passenden Namen Waschknüppelberg (Bangchui Shan). Ein anderer Name für diesen Felsen lautet Qingchui Feng, nach einem klingenden Stein, der im alten China als Schlaginstrument diente und ebenfalls ein daumenförmiges (andere meinen phallisches) Aussehen hatte. Von dort hat man bei klarem Wetter eine fantastische Aussicht auf die Sommerresidenz und die gewaltige Anlage der Acht Äußeren Tempel; zudem kann man auch herrliche Wanderungen in die nähere Umgebung unternehmen.

WEITERE INFORMATIONEN

www.cncdt.com,
www.bishushanzhuang.com.cn

7 Shenyang

Geburtsstätte der Qing-Dynastie

Schon seit dem 11. Jahrhundert war Shenyang ein Handelszentrum für die Nomaden und Volksstämme des Nordens. Überregionale Bedeutung erlangte die Stadt jedoch erst mit ihrer Eroberung durch den Dschurdschen-Führer Nurhaci, der sie in Mukden umtaufte und 1625 zur Hauptstadt seines Kaiserreichs erkor. Nach der Eroberung Chinas zog der mandschurische Kaiserhof nach Peking um, und Shenyang verlor an Bedeutung.

Ist der Kaiserpalast von Shenyang heute ein Museum (Mitte), so wird das Areal vor dem Mausoleum des Gründers der Qing-Dynastie gerne von Folkloregruppen zum Proben genutzt (unten). Einige Viertel um den Kaiserpalast wurden im alten Stil wieder aufgebaut (rechts unten). Pfad auf einen Tausend-Lotos-Berg (rechts oben).

Geschickt hatte Nurhaci (1559–1626) nicht nur die Dschurdschen-Stämme vereint, sondern auch die vorbildliche chinesische Verwaltung und Staatsorganisation mit der Kriegstradition der Steppennomaden verbunden und so ein stabiles und mächtiges Reich geschaffen. Im Jahr 1616 ließ er sich zum Khan der Dschurdschen ausrufen. Vier Jahre später eroberten Nurhacis Armeen Shenyang, das unter dem Namen Mukden Hauptstadt seines Reichs wurde. Sein Nachfolger Abahai verfolgte während seiner Regierungszeit von 1627 bis 1643 bereits das Ziel, ganz China zu erobern. Geschickt schuf er die Voraussetzungen für dieses ehrgeizige Vorhaben, indem er auch chinesische Berater und Verbündete in seine Politik einbezog. 1644 konnten die Mandschus Peking einnehmen. So wurde, zum zweiten Mal in seiner Geschichte, das Reich der Mitte in seiner Gesamtheit von einem fremden Volk regiert, das allerdings so stark in der chinesischen Zivilisation aufging, dass es fast vollständig seine mandschurische Identität verlor. Nur noch der Kaiserpalast in Shenyang und die Gräber der ersten mandschurischen Kaiser – beide UNESCO-Welterbe – zeugen noch von dem alten Glanz eines Volkes, das heute nur mehr eine unter 55 weiteren Ethnien ist.

Wirtschaftlicher Vorreiter

Mit fünf Millionen Einwohnern ist Shenyang die größte Stadt Nordostchinas und dessen wichtigstes und größtes Industriezentrum. Seit dem späten 19. Jahrhundert erlebte die Stadt zunächst mit der Industrialisierung durch Russland und dann durch Japan, das die Mandschurei 1931 annektierte, einen starken wirtschaftlichen Aufschwung. Shenyang wurde zum wichtigsten Eisenbahnknotenpunkt des Nordostens und spielte auch im frühen China der Reformen eine Vorreiterrolle,

als hier erstmals die Vorteile der Privatwirtschaft gegenüber der Planwirtschaft offiziell anerkannt wurden. Pionierarbeit leistete Shenyang bei der Einführung neuer Technologien und Finanzmärkte: So ließ Shenyang 1986 den ersten Konkurs einer maroden Staatsfirma in China zu, heute ist das gängige Praxis.

Kaiserliche Pracht ...

An die einstige Bedeutung erinnert bis heute der Kaiserpalast der Gründer der Qing-Dynastie im Zentrum der Stadt. Deutlich kleiner als sein Pendant in Peking, ist er im traditionellen Stil chinesischer Paläste erbaut und damit beispielhaft für die Rezeption der chinesischen Kunst und Architektur durch die frühen Mandschus. Mit der Errichtung der Anlage wurde 1625 begonnen, nachdem die Dschurdschen unter Nurhaci die Stadt 1621 erobert und zur Hauptstadt ihrer Dynastie Hou Jin (spätere Jin-Dynastie) erklärt hatten. In der Umgebung des Kaiserpalasts befindet sich der älteste Stadtteil Shenyangs. Man sollte sich nach der Besichtigung der Herrscherresidenz noch ein wenig Zeit nehmen und durch die Straßen bummeln. Die heute ganz moderne Fußgängerzone Zhong Jie lässt sich als urbanes Handelszentrum bis in das Jahr 1636 zurückverfolgen.

... und kaiserliche Gräber

Im Norden der Stadt, eingebettet in die weitläufige Nordgrab-Parkanlage (Beiling Gongyuan), liegt das Nord-Grab (Bei Ling) und Mausoleum von Abahai, des Gründers der Qing-Dynastie. Der Bau der Grablege dauerte von 1643 bis 1651. In ihrer architektonischen Struktur ähnelt sie den Ming-Gräbern. So gibt es einen Weg der Seelen mit Steinfiguren sowie einen ober- und einen unterirdischen Palastteil. Von den drei Kaisergräbern außerhalb der beiden Begräbnistäler der späteren Qing-Kaiser ist es die größte und am besten erhaltene Ruhestätte. Etwas kleiner ist das etwa elf Kilometer östlich von Shenyang liegende Grab von Abahais Vorgänger Nurhaci, das unter dem Namen Glücksgrab (Fu Ling) oder Ost-Grab bekannt ist.

DIE TAUSEND-LOTOS-BERGE

90 Kilometer südlich von Shenyang liegt die bis zu 700 Meter hohe Bergregion des Qian Shan. Ein Rundwanderweg führt durch die mit uralten Kiefern bewachsene, von tiefen Schluchten durchzogene Landschaft, die von Tempelanlagen gesprenkelt wird. Der vollständige Name der Region lautet Qianlian Shan (Tausend-Lotos-Berge) und geht auf eine Legende zurück, nach der eine Fee den Frühling auf die Erde bringen wollte, indem sie Wolken auf Lotosblumen stickte. Als sie mit der 999. Lotosblüte fertig war, entdeckten die Himmelsgötter ihr Tun und beschuldigten sie des Wolkendiebstahls. Die Fee wurde eingesperrt, sie wehrte sich jedoch so heftig, dass die fertig bestickten Lotosblüten auf die Erde fielen und sich in 999 grüne Hügel verwandelten. Die Menschen nannten sie daraufhin Tausend-Lotos-Berge. Als ein Wandermönch die Hügel zählte, stellte er fest, dass es nur 999 waren, und so schuf er einen künstlichen 1000. Hügel und damit zugleich den ersten Tempel.

WEITERE INFORMATIONEN

Liaoning Tourism Bureau: 113 Huanghe Nandajie, 110031 Shenyang, Tel. 024 86116799, www.shenyang.gov.cn, www.lntour.gov.cn

Harbin ist ein Architekturmuseum aus stalinistischen Ungetümen wie der Universität (Mitte) und zaristischen Bauwerken, darunter die russisch-orthodoxe Sophia-Kathedrale (unten). Spektakulär ist das jährlich stattfindende Eislaternenfest mit Skulpturen (rechts unten) und abends bunt beleuchteten Gebäuden aus Eis (rechts oben).

8 Harbin

Brücke nach Russland

Harbin im Zentrum der Provinz Heilongjiang ist die nördlichste Provinzhauptstadt Chinas. Das Klima hier ist hart und unwirtlich, nur 90 bis 120 Tage im Jahr sind frostfrei, und in dieser Zeit fällt dann auch noch der meiste Regen. Doch ist die Stadt des Eises dank ihrer russischen Architektur, ihrer Alleen und Parks überaus attraktiv. Nicht ganz unbegründet wird sie als das St. Petersburg Chinas bezeichnet.

Der Bau der Russland mit der Mandschurei verbindenden Transmandschurischen Eisenbahn und einer Brücke über den Songhua-Fluss zog ab 1898 immer mehr russische und chinesische Siedler in den bis zum Ende des 19. Jahrhunderts unbedeutenden Fischerort, der nun als Bahnstation auf dem Weg nach Sibirien eine wichtige Rolle spielte. Durch den Zuzug an Glücksuchenden erhöhte sich die Einwohnerzahl bis 1917 auf 200 000, und es gab je ein chinesisches und ein russisches Wohnviertel. Nach der Oktoberrevolution flohen viele russische Juden nach Harbin und trugen maßgeblich zum weiteren Aufblühen der Stadt bei, nachdem die ersten jüdischen Bewohner schon vor den Pogromen im zaristischen Russland hierher geflohen waren. Weitere über 20 000 Juden flohen vor den Verfolgungen der Nazis in die Stadt, wo sie vorübergehend eine neue Heimat fanden. 1931 wurde Harbin von japanischen Truppen besetzt. Die Stadt gehörte nun zum Protektorat Manzhouguo (Mandschukuo). Es folgte die finstere Zeit der Okkupation, deren Kenntnis das komplizierte chinesisch-japanische Verhältnis zu verstehen hilft.

Das russische Erbe

Das moderne Harbin lebt unübersehbar von seiner Rolle als Brückenpfeiler nach Russland. Aber den eigentlichen Reiz machen die Gassen des Stadtteils Daoliqu mit ihrem kopfsteingepflasterten Zentrum der Zhongyang Dajie aus. Hier sieht man noch viele mehr oder weniger gut erhaltene Gebäude aus dem frühen 20. Jahrhundert. Ein architektonischer Höhepunkt ist die russisch-orthodoxe Sophia-Kathedrale, die zwischen 1923 und 1932 in einem eklektischen Stilmix errichtet wurde. Das Gotteshaus dient heute als Sitz des Zentrums für Architektur und Kunst.

Das jüdische Harbin ist in der 1921 erbauten Neuen Synagoge präsent. Die Synagoge wurde vor einigen Jahren restauriert und beherbergt nun ein Museum zur Geschichte von Harbins Juden,

die 1985 mit dem Tod des letzten in der Stadt lebenden jüdischen Bürgers endete. In der alten, 1909 erbauten Hauptsynagoge sind heute ein Café und einige Geschäfte untergebracht.

Ein finsteres Kapitel in der Geschichte

Der leidvollen Seite der Geschichte Nordostchinas kann der Besucher im Museum der Märtyrer des Nordostens im Zentrum der Stadt begegnen. In den 14 Jahren, die das Protektorat Manzhouguo bestand, befand sich hier das Hauptquartier der Harbiner Polizei, die als Ausführungsorgan der japanischen Besatzer agierte. Das massive Gebäude ist fast ebenso berüchtigt wie das Gestapo-Hauptquartier in Berlin. Ausgestellt sind unter anderem Bilder der hier gefolterten und dann zur Exekution geschleppten Opfer.
Für das Verständnis der belasteten chinesisch-japanischen Beziehungen ist auch ein anderer historischer Ort aus der japanischen Besatzungszeit wichtig. Etwa 30 Kilometer südlich von Harbin liegt Pingfang, der Sitz der berüchtigten Bakteriologischen Einheit 731, deren grausame Machenschaften den Experimenten in deutschen Konzentrationslagern in nichts nachstanden. Die japanische Armee unterhielt hier ein »Forschungszentrum« für Keime, die zur biologischen Kriegsführung entwickelt wurden. Über 4000 chinesische, mongolische, russische, koreanische und britische Gefangene fielen den Laborversuchen an »lebendem Menschenmaterial« zum Opfer. Kurz vor ihrer Niederlage sprengten die Japaner die Anlagen in die Luft und töteten sämtliche Insassen. Bei dem Einmarsch der Roten Armee in Harbin im Jahr 1945 waren dennoch nicht alle Spuren verwischt. Später stellte sich heraus, dass auch die Amerikaner kein großes Interesse an einer Aufklärung hatten. Gegen Zusicherung der Straffreiheit ließen sie sich von den Tätern die Forschungsergebnisse aushändigen. Eine Gedenkstätte unterrichtet über diese Kriegsgräuel.

EINE WELT AUS EIS

Wer im Winter nach Harbin kommt, reist nicht zuletzt wegen des weithin berühmten Harbin International Ice and Snow Festival an, das in der Regel vom 5. Januar bis zum 15. Februar im Zhaolin-Park stattfindet. Für gewaltige Eisskulpturen werden große Eisblöcke aus dem Songhua-Fluss gesägt und per Lkw in den Park geschafft, wo sie anschließend von »Eismetzen« bearbeitet und in Figuren, Tiere und Eispaläste verwandelt werden, die von innen mit bunten Glühbirnen ausgeleuchtet werden. Parallel dazu wird der Ice and Snow Macrocosm veranstaltet, der am zugefrorenen Songhua-Fluss mit Eisskulpturen, Shows und Feuerwerken abgehalten wird. Das Thema wechselt jährlich. 2011 stand es unter dem Motto »Königreich der Märchen und der Fantasie«. Mit Beteiligung der Disney-Studios wurde unter anderem ein riesiges, 170 Meter langes Tor aus Eis erschaffen, das sogar einen Eintrag in das Guinnessbuch der Rekorde erhielt. Der Eintritt beträgt 150 Yuan plus Zugang zu den Sonderveranstaltungen.

WEITERE INFORMATIONEN

www.harbin.gov.cn

Die buddhistischen Höhlengrotten von Datong mit ihren Großplastiken (Mitte) und detaillierten Szenen aus dem Leben Buddhas (unten) markieren einen Wendepunkt in der Entwicklung des chinesischen Buddhismus. Das Hängende Kloster am Heng Shan (rechts oben). Der Trommelturm im Zentrum von Datong (rechts unten).

9 Datong

Im Herzen der Toba-Kultur

Die in Nordchina einfallenden und es zeitweilig auch beherrschenden Nomaden waren nicht nur Plünderer und Räuber. Einmal sesshaft, befruchteten sie mit ihren eigenen Kulturen die Entwicklung des Nordens, dessen Erscheinung ganz von dem ewigen Neben-, Gegen- und Miteinander von Chinesen und Nomaden geprägt ist. Den größten Einfluss hatten dabei die turkstämmigen Toba, die Datong zu ihrer Hauptstadt machten.

Datongs Bürgermeister Geng Yanbo ist ein Mann der Tat. Er hat seine Stadt in einem Tempo umgekrempelt, das selbst für chinesische Verhältnisse ungeheuer rasant ist. Zwischen 2009 und 2011 ließ er die komplette Innenstadt abreißen und neu wieder aufbauen, sämtliche Kulturdenkmäler restaurieren und die zu Staub zerfallene Stadtmauer komplett rekonstruieren. Klingt verrückt? Ist es aber nicht, denn es war notwendig. Die rund eine Million Einwohner zählende Industriestadt war unter einer Rußglocke verkommen, die Innenstadt war verslumt und die Kulturdenkmäler waren verrottet. Der Kohlebergbau, von dem die Stadt lebte, hat heute keine Zukunft mehr. Und um der drohenden Massenarbeitslosigkeit vorzubeugen, setzte Geng Yanbo seine Vision einer radikalen Modernisierung in die Wirklichkeit um. Ob sein mutiges Konzept aufgehen wird, kann allerdings nur die Zukunft zeigen.

Bollwerk gegen die Nomaden

Stets im Schatten der Großen Mauer ein Bollwerk gegen die Einfälle der Steppennomaden, gehörte Datong schon seit der Han-Dynastie zu den Militärkommandanturen, die zur Sicherung der Grenzen des Reichs eingerichtet waren. Nicht immer gelang diese Aufgabe. Immer wieder wurde die Stadt von Fremdvölkern eingenommen, darunter auch von den Toba im 4. Jahrhundert. Sie gehörten zu den Ersten, die ihre kriegerischen Steppentraditionen mit chinesischer Administration verschmolzen. Auf dieser Grundlage schufen sie einen stabilen Staat, den sie ab 386 unter dem Dynastienamen Nördliche Wei bis 534 regierten. Von Beginn an erkoren sie Datong zu ihrer Hauptstadt. Erst im Jahr 494 wurde der Hauptstadtsitz, nachdem die Toba-Aristokratie immer mehr in der chinesischen Kultur aufgegangen war, nach Luoyang verlegt, nicht ohne in den Wolkengrat-

Grotten (Yungang Shiku) ein großartiges Zeugnis ihres Wirkens zu hinterlassen.

Grotten für die Ewigkeit

Diese buddhistischen Reliefgrotten sind 16 Kilometer westlich von Datong in den Südhang des Wuzhou-Bergs gehauen. Das zum UNESCO-Welterbe zählende Monument ist ein beredtes Zeichen dafür, dass die Toba auch auf religiösem Gebiet Geschichte geschrieben haben. Das 4. und 5. Jahrhundert stand ganz im Zeichen eines sich erneuernden und zu echter chinesischer Eigenständigkeit gelangenden Buddhismus. Vom 5. bis zum 8. Jahrhundert erfasste die neu erwachende buddhistische Frömmigkeit alle Gesellschaftsschichten und machte China zum bedeutendsten buddhistischen Zentrum Asiens.
Diese Entwicklung machte natürlich nicht vor den Toren der Nördlichen Wei-Dynastie halt. 460 befahl der Toba-Kaiser, bei Yungang fünf große Grotten zum Gedenken an seine Ahnen in den Fels zu schlagen und sie mit buddhistischen Großskulpturen auszustatten. Die riesengroßen Skulpturen erreichen Höhen bis zu 17 Meter. Deutlich sichtbar fanden neue Stilelemente Eingang in die chinesische Kunst: der Sinn für Ornamente, für das Gigantische und dazu die häufige Wiederholung des gleichen Motivs. Bis 494 entstanden auf einer Länge von 1000 Metern 53 Höhlen mit Statuen und Reliefs, von denen rund 51 000 erhalten geblieben sind.

Phönix aus der Asche

Auch das wie Phönix aus der Asche neu erstandene Datong selbst verdient einen Besuch. Die 1372 erbaute mächtige Stadtmauer ist 2010 von Grund auf neu aufgebaut worden, ebenso das im 11. Jahrhundert gegründete Huayan-Kloster mitten in der im alten Stil rekonstruierten Altstadt. Die Haupthalle gehört mit einer Fläche von 1560 Quadratmetern zu den größten noch erhaltenen buddhistischen Tempelhallen Chinas. Ein ebenfalls originalgetreuer Nachbau ist das im Süden der Altstadt gelegene Shanhua-Kloster, dessen Gründung auf das 8. Jahrhundert zurückgeht.

MYTHISCHER BERG UND HÄNGENDES KLOSTER

Etwa 75 Kilometer südöstlich von Datong liegt die Ortschaft Hunyuan, von der aus man das Hängende Kloster (Xuankong Si) und den gegenüberliegenden heiligen Berg Heng Shan besuchen kann. Der Ausflug lässt sich als Tagestrip von Datong aus unternehmen oder als Zwischenstopp auf dem Weg zum Wutai Shan einplanen.
Der Heng Shan ist einer der fünf mythischen heiligen Berge Chinas. Der Überlieferung nach weihte ihn der legendäre Ur-Kaiser Shun vor 4000 Jahren zu einer seiner fünf heiligen Opferstätten. Knorrige, alte Kiefern und geheimnisvolle daoistische Eremitagen und Klöster säumen den Weg zum 2017 Meter hohen Gipfel, für den man etwa zwei Stunden benötigt.
Spektakulär klammert sich das Hängende Kloster an eine Felswand. Dieses wunderschöne Beispiel fantastischer chinesischer Architektur wurde im 6. Jahrhundert unter der Nördlichen-Wei-Dynastie erbaut. Die einzelnen Gebäudeteile sind mit Treppen, Brücken und Leitern waghalsig untereinander verbunden. Bis 11 Uhr vormittags liegt das Kloster im Sonnenlicht, danach wirft der Heng Shan seinen Schatten darüber.

WEITERE INFORMATIONEN

www.dtly.com.cn (nur auf Chinesisch),
www.yungang.org

10 Wutai Shan

Der Berg des Manjushri

Der Wutai Shan ist einer der vier heiligen Berge des Buddhismus in China. Er ist Manjushri, dem Bodhisattva der Weisheit, geweiht. Ein erstes Kloster wurde in dieser abgeschiedenen Bergwelt bereits im 1. Jahrhundert gegründet. Im Jahr 557 waren es dank der Förderung des Buddhismus durch die Toba 200. Heute befinden sich an den Berghängen immerhin noch rund 108 gut erhaltene mongolische, chinesische und tibetische Tempel und Heiligtümer.

Das Fünf-Terrassen-Gebirge leitet seinen Namen von den fünf abgeplatteten Gipfeln her, die das Gebiet einrahmen. Höchster Gipfel des Wutai Shan und Nordchinas ist der 3058 Meter hohe Nordgipfel (Beitai Ping). Allein über 40 Klöster der zum UNESCO-Welterbe zählenden Region stehen in der Ortschaft Taihuai oder seiner unmittelbaren Umgebung. Vertreten sind alle buddhistischen Schulen Ostasiens, ganz besonders aber die der Chan- (Zen-) Schule, die wohl »chinesischste« aller buddhistischen Schulrichtungen Chinas. Die meisten Klöster sind aktiv, wenngleich einige von ihnen nur mehr von wenigen Mönchen bewohnt werden.

Eine geheimnisvolle Erscheinung

Der Überlieferung nach soll sich der Bodhisattva Manjushri im ersten Jahrhundert während der Regierungszeit von Kaiser Ming auf dem Wutai Shan manifestiert haben, um den Buddhismus in China einzuführen. Der Kaiser würdigte das Ereignis im Jahr 70 mit der Gründung des Xiantong-Tempels, der eine der ältesten Tempelanlagen Chinas überhaupt ist. Der heutige Komplex mit seinen zwölf Höfen und mehr als 400 Gebäuden stammt allerdings aus der Ming- und Qing-Zeit. Im Volksmund wird er wegen seines ehrwürdigen Alters und der erhabenen Größe auch »Ahnentempel« genannt.

Aus einem Guss wurde der goldene Pavillon im Xiantong-Tempel, einer der ältesten Tempel Chinas, hergestellt (Mitte). Die Buddha-Skulptur thront in einem nur selten in China zu findenden steinernen Tempel davor (rechts). Der Wutai Shan ist auch ein Zentrum des tibetischen Buddhismus mit vielen tibetischen Mönchen (unten).

11 Pingyao

Lebendiges Mittelalter – Pingyao

An kaum einem anderen Ort des sich rasend schnell modernisierenden China hat Ming-zeitliche Architektur sich so hervorragend erhalten wie in dieser 1370 erbauten Stadt. Um sie vor den durchziehenden Barbarenhorden zu schützen, wurde Pingyao von einer gewaltigen 6,4 Kilometer langen und zwölf Meter hohen Stadtmauer umgeben – noch heute der sichtbarste Beweis für die Bedeutung des Fen-Tals als Einfallsschleuse der Fremdvölker.

Für Pingyao besaß die Mauer eine überlebensnotwendige Funktion, lag die Stadt doch an der Invasionsroute der Steppenkrieger Richtung Zentralchina. 3000 Zinnen zieren die gewaltige Mauer, die von 72 markanten Wachtürmen unterbrochen wird. Zusammen symbolisieren sie die 3000 Schüler und 72 Lieblingsschüler des Konfuzius. Der Zugang zur Stadt erfolgt durch sechs Stadttore, je eines geht nach Norden und Süden, je zwei sind im Westen und im Osten. Auch in dieser Anordnung steckt eine tiefe Symbolik: Pingyao, auch »Stadt der Schildkröte« genannt, sollte wie diese Stärke, Festigkeit und ein langes Leben haben. Das Nord- und Südtor symbolisieren Kopf und Schwanz, während die Ost- und Westtore die Beine der Schildkröte darstellen.

Ein altes Bankenzentrum

Die Mauer schützte nicht nur die Bevölkerung, sondern auch das Geld der Bankiers, denn die Stadt war ein bedeutendes Bankenzentrum, über das der Geldverkehr mit den Grenzregionen abgewickelt wurde. Noch heute bezeugt die Rishengchang Wechsel Bank in der Xi Jie, Pingyaos älteste und größte Bank, ihre einstige Bedeutung. Auch den restaurierten Wohnsitz eines der Gründer der Bank Rishengchang kann man besichtigen. Die Residenz des Lei Lütai vermittelt eine Ahnung davon, wie luxuriös die Bankiers der Stadt lebten.

Die alte Bankenstadt Pingyao wird von einer der schönsten Stadtmauern Chinas geschützt (oben). Hinter der Mauer prägen zahllose Residenzen der Ming-Zeit mit ihren prachtvollen Innenhöfen das Bild der Stadt (unten). Abends wird der beleuchtete Stadtturm im Zentrum (links) zum Treffpunkt von Besuchern und Einheimischen.

Die singenden Sandberge von Dunhuang mit dem Mondsichelsee türmen sich viele Hundert Meter hoch auf (oben). Der Zixiao-Tempel in Wudang Shan ist einer der wichtigsten daoistischen Tempel Chinas (Mitte). Traditionelle Geschäfte in Luoyang vermitteln ein Stück altes China (unten). Die Große Wildganspagode ist das Wahrzeichen Xi'ans (rechts).

Zentral- und Nordwestchina

12 Xi'an

Startpunkt der Seidenstraße

Xi'an, das Tor zum Westen, diente über tausend Jahre lang unter dem Namen Chang'an als Hauptstadt Chinas. Viele Relikte erinnern an den Glanz von einst, mit am bedeutendsten die Nekropole des Qin Shi Huangdi mit der weltberühmten Terrakotta-Armee. Die ehrwürdige Große Wildganspagode, Wahrzeichen der Stadt, lässt ahnen, dass Chang'an eines der Zentren des chinesischen Buddhismus war.

Die alte Hauptstadt Chang'an ist heute eine moderne Metropole (Mitte). Zwei filigran gestaltete kaiserliche Bronzewagen (unten), die bei der Terrakotta-Armee gefunden wurden, bilden den größten Schatz der Ausstellung, aber die tönerne Armee mit ihren Tausenden lebensgroßen Soldaten ist ein wahres Wunderwerk (rechts oben und unten).

Kaiyuan Men, was für ein Klang im Ohr für alle in der Ferne weilenden chinesischen Kaufleute, Mönche und Soldaten! Durch dieses Tor, an das heute ein Denkmal mit der Karawane des Diplomaten Zhang Qian (195–114 v. Chr.) erinnert, verließen sie alle während der Tang-Zeit Chang'an Richtung Westen, wissend, dass sie viele Monate und Jahre nicht zurückkehren würden. Was es bedeutete, sich von hier auf der Seidenstraße in Richtung Westen zu begeben, hat wohl niemand eindrucksvoller beschrieben als der Tang-Poet Wang Wei (699–759): »Ich mahne Dich: Noch einmal trink / Mit mir den Becher leer! / Wo du im fernen Westen bist, / Gibt's keine Freunde mehr«.
Auf der anderen Seite wirkte Chang'an wie ein riesiger Magnet. Händler, Gelehrte, Diplomaten, Künstler und Studenten aus Persien, Syrien, Indien und anderen Ländern wurden von ihm angezogen. In der Tang-Zeit war die Stadt zu einer kosmopolitischen, nahezu zwei Millionen Einwohner zählenden Weltstadt herangewachsen. Mit dem Sturz der Tang-Dynastie 907 wurde das Kapitel von Chang'ans Geschichte als Hauptstadt schließlich geschlossen. »Prächtige Häuser und Triumphwagen gibt es nicht mehr, die zierlichen Villen der reichen Familien liegen in Trümmern …«, leitete der Dichter Wei Zhuang (836–910) ein Gedicht über den Verfall Chang'ans und seiner Paläste ein. Dennoch hat eine erstaunliche Vielzahl von Monumenten aus Chang'ans Blütezeit die Jahrhunderte überstanden, und man benötigt viele Tage, will man auch nur die wichtigsten Sehenswürdigkeiten besuchen.

Nekropole des Größenwahns

Die Fundamente Chang'ans ruhten bereits zur Zeit der glanzvollen Tang-Dynastie auf einer fast tausendjährigen Geschichte: Der Herrscher der ersten feudalen Dynastie Qin Shi Huangdi hatte das heutige Xianyang, 25 Kilometer nordwestlich von Xi'an, zur Hauptstadt des von ihm aus der Taufe gehobenen Reichs der Mitte gemacht. Auch

Der Trommelturm aus dem 14. Jahrhundert ist das Tor zum großen muslimischen Viertel der Stadt (oben). Ein steinernes Löwenpaar, das im alten China zum Schutz von Palästen und Tempeln aufgestellt wurde, bewacht heute auch Einkaufszentren (Mitte). Vom Trommelturm im Zentrum gehen die großen Einkaufsstraßen ab (unten).

wenn seiner Dynastie Qin keine lange Dauer beschieden war, gilt der Kaiser als einer der größten der chinesischen Geschichte; dabei ist er den Chinesen wegen seines Größenwahns und seiner Grausamkeit ein wenig unheimlich. Überzeugt von seiner Einzigartigkeit befahl Qin Shi Huangdi schon 247 vor Christus, also lange bevor er das Kaiserreich gründen konnte, den Beginn der Bauarbeiten an seiner zukünftigen Nekropole.

700 000 Zwangsarbeiter, Künstler und Architekten, das entsprach einem Zehntel der damaligen arbeitsfähigen Untertanen, schufen eine ober- und unterirdische Welt aus Flüssen, Seen und Modellen von Palästen und platzierten davor eine gewaltige tönerne Armee, die dem Kaiser als seine Leibgarde auch im Jenseits uneingeschränkte Macht sichern sollte. 37 Jahre dauerten die Bauarbeiten. Nach der Fertigstellung umfasste die Grabanlage ein Gebiet von insgesamt 225 Quadratkilometern, die doppelte Fläche des heutigen Xi'an.

Ein Zufall brachte die archäologische Sensation zutage. 1974 stießen Bauern beim Bau eines Brunnens auf einen Teil der unterirdischen Anlage. Archäologen hatten sich nämlich stets von historischen Aufzeichnungen täuschen lassen, in denen von Plünderungen und der Zerstörung der Grabanlage die Rede war. Das unterirdische Grab ist, wie man nunmehr weiß, nicht nur komplett erhalten, es wurde bis in die Gegenwart auch niemals geöffnet. Die alten Berichte waren vielleicht gezielte Fehlinformationen. Große Teile der Terrakotta-Armee, die zu den großartigsten Funden der Geschichte der Archäologie zählt, wurden unterdessen in Teilen freigelegt. Selbst nach über 2000 Jahren ist ihr Anblick überwältigend.

Stadtansichten

In der Ming-Zeit war das Areal der Stadt auf gerade einmal ein Sechstel der einstigen Ausdehnung geschrumpft. Nur noch die mächtige, vollständig erhaltene 13,7 Kilometer lange, zwölf Meter hohe und bis zu 14 Meter breite Stadtmauer zeugt von dieser Zeit relativer Bedeutungslosigkeit. Restauriert ist die Mauer nun eine reizvolle Flaniermeile, auf der man die Innenstadt – am besten mit einem Mietfahrrad – umrunden kann. Die Parkanlagen an der Mauerbasis sind eine Begegnungsstätte der Xi'aner, die hier Sport treiben, musizieren, tanzen, plaudern.

Die Dong Dajie ist Xi'ans Haupteinkaufsstraße und eignet sich herrlich zum Bummeln. Man sollte sich im Strom der Menschen einfach treiben lassen, bis man zum 1384 erbauten Glockenturm gelangt. Der Legende nach liegt unter dem Turm eine mit einer gewaltigen Eisenkette gefesselte Riesenschildkröte in einem unterirdischen Brunnen gefangen, die, noch in Freiheit, für zahlreiche Erdbeben und Überflutungen verantwortlich gewesen sein soll. Der neue Glockenturm versiegelte das Gefängnis dieser Schildkröte. Will man einem populären Gedicht Glauben schenken, dann lebt sie noch immer und plätschert drunten im Brunnen: »Tief unter der Stadt Xi'an liegt gefesselt eine Schildkröte im Fluss. Traust Du der Geschichte nicht, dann lege dein Ohr an den Fuß des Glockenturms«. Die Seitenfronten des Turms weisen auf die vier

wichtigsten Stadttore Xi’ans, die sich auf den Glockenschlag im Morgengrauen öffneten.

Muslimisches Viertel

Westlich des Glockenturms erstreckt sich ein weiter, von Kaufhäusern flankierter Platz, der sich bis zum 1370 errichteten Trommelturm ausbreitet. Von ihm wurde am Abend laut und vernehmlich das akustische Signal zum Schließen der Stadttore gegeben. Durch den runden Torbogen betritt man das geschäftige muslimische Viertel. Schwerer Geruch von Hammelfett liegt in der Luft, und aus allen Eingängen qualmt und dampft es. Die Gassen sind zum Teil so schmal, dass hier jeglicher Autoverkehr fehlt und man ganz entspannt architektonische Kleinode entdecken kann.

Zum Beispiel die Große Moschee. Schon im Jahr 742 stand an dieser Stelle ein erster islamischer Kultbau, der in der frühen Ming-Zeit auf Anweisung des Kaisers und Dynastiegründers Taizu seine heutige Form erhielt. Mit dieser Geste ehrte der Kaiser die Hilfe der Muslime beim Kampf gegen die mongolische Fremdherrschaft. Besonders eindrucksvoll ist der gewaltige hölzerne Torbogen gleich hinter dem Eingang, der zu den schönsten Ming-zeitlichen Torbauten überhaupt gehört. Spannend ist der Bummel durch das muslimische Viertel am Abend, wenn es sich in einen bunten, quirligen Nachtmarkt verwandelt, auf dem Heerscharen von Händlern lautstark ihre Ware feilbieten.

Bibliothek aus Stein

Unbedingt sehenswert ist auch das Stelenwald-Museum. Es ist im ehemaligen Konfuziustempel der Stadt untergebracht und beherbergt die vollständigste

Die Moscheen passten sich der chinesischen Tempelarchitektur an (oben) und standen meist im Zentrum der Händlerviertel (links). Die Stelen im Stelenwald-Museum (Mitte) sind ein einzigartiges Archiv der chinesischen Kultur, die heute auch in Form von Tang-zeitlichen Musikaufführungen wiederbelebt wird (unten).

Die alten Stadttore (oben rechts) gehören zu den Treffpunkten der Stadt. Die Pagode des Famen-Tempels birgt einen Fingerknochen Buddhas (unten) und bildet mit dem Tempel der Große Gnade und Güte (oben und unten rechts) ein wichtiges Ziel von Pilgern und Mönchen aus Ostasien. Blick auf den Hua Shan (oben rechts).

und größte Stelensammlung Chinas, ein einzigartiges, über 3000 Exponate umfassendes Dokument chinesischer Geschichte. Bis in die Tang-Zeit war der Buchdruck unbekannt. Die Generationen davor gravierten wichtige Schriften, offizielle Dokumente, aber auch Gedichte, zu Zwecken der Kundgebung und Überlieferung auf große Steinblöcke. Bereits in der Zeit der Streitenden Reiche hatte man damit begonnen; in der Han-Dynastie wechselte das Format in handlichere Stelen. Die ältesten Stelen der Sammlung stammen aus der Östlichen Han-Zeit. Es sind dies 46 Stelen mit den Texten der konfuzianischen Klassiker, die auf das Jahr 175 datiert werden. Auch nach der Einführung des Buchdrucks hielt man an dieser mühsamen Praxis fest: insbesondere prüfungsrelevante Texte gravierte man weiter auf Stelen, da man die Fehleranfälligkeit handschriftlicher Vervielfältigung oder der neumodischen Drucktechnik fürchtete.

Das Wahrzeichen der Stadt

Fast vergessen ist, dass Chang'an eines der großen Zentren des chinesischen Buddhismus war: Hier wirkten so berühmte Pilger und Übersetzer wie Xuanzang (602–664) oder Kumarajiva (344–413). Ohne einen abschließenden Besuch der berühmten Großen Wildganspagode wäre ein Besuch Xi'ans nicht vollständig. 648 ließ der dritte Tang-Kaiser Li Zhi, der als Gaozong von 649 bis 684 regierte, den weitläufigen Tempel der Großen Gnade und Güte im Süden der Stadt zum Gedenken an seine Mutter erbauen. Auf Drängen des Kaisers übernahm der berühmte buddhistische Gelehrte Xuanzang (602–664) hier das eigens für ihn eingerichtete Amt zur Übersetzung buddhistischer Schriften, die in der Großen Wildganspagode aufbewahrt wurden.

Den Namen gab Xuanzang der Pagode in Anlehnung an eine indische Legende: Einst gab es ein Kloster des Hinayana-Buddhismus, in dem die Mönche auch Fleisch essen durften. Eines Tages aber waren die Fleischvorräte zu Ende, und die Mönche gingen nur noch mürrisch ihren Aufgaben nach. Als sie eine Schar Wildgänse über das Kloster hinwegfliegen sahen, rief einer der Mönche ihnen zu: »Wir haben hier kein Fleisch mehr, und Buddha sollte das wissen.« Im selben Moment fiel eine der Gänse tot vom Himmel, und die erschrockenen Mönche – im Glauben, Buddha selbst habe sich geopfert – errichteten der Gans eine Pagode.

Die Tempelanlage verfiel in den nachfolgenden Jahrhunderten, sodass ihre einstigen Ausmaße stark schrumpften. Die meisten Gebäude sind in den letzten

Jahren neu aufgebaut worden. Die Pagode hat indes nichts von ihrer alten Pracht eingebüßt. Die nähere Umgebung ist zu einem eigenen Stadtteil mit Parks, Wasserspielen und Einkaufszentren im Stil der Tang-Zeit ausgebaut worden.

Paradies für Archäologen

Der Besuch eines der vielen Gräber der Han- und Tang-Kaiser, darunter das Grab vom Han-Kaiser Wu (Mao Ling) oder die Nekropolen der zweiten und dritten Tang-Kaiser Taizong und Gaozong (Qian Ling und Zhao Ling) wird auf organisierten Touren meist mit einem Abstecher zum Famen-Tempel kombiniert. Er ist einer der wichtigsten buddhistischen Tempel Chinas. 1987 fand man hier durch Zufall den über tausend Jahre alten Tempelschatz, eine nicht geringe Sensation, denn keiner der über 2400 Gegenstände aus Gold, Silber, Glas oder Porzellan, die auf einer ebenfalls erhaltenen Inventarliste aufgeführt waren, fehlte.

Ein weiterer für die Geschichte des Buddhismus wichtiger Tempelkomplex ist der schön gelegene Tang-zeitliche Tempel der Strohhütte (Caotang Si), der eng mit dem Namen des berühmten aus dem Königreich Kuqa stammenden Mönchsgelehrten Kumarajiva (344–413) verbunden ist. Mit seinem Wirken leitete der Meister, unterstützt durch den Kaiser, einen Wendepunkt in der Geschichte des chinesischen Buddhismus ein, der durch ihn zu völliger Autonomie gelangte und einen organisierten Klerus herausbildete. Betrachteten die meisten Chinesen bis dahin den Buddhismus als die barbarische Variante des Daoismus, wurde Kumarajiva mit seinen Übersetzungen der Sutras aus dem Sanskrit ins Chinesische zum »Lehrer der Nation«.

DIE WUNDERWELT DES HUA SHAN

120 Kilometer östlich von Xi’an und in zwei Stunden mit Bahn und Bus zu erreichen, erhebt sich in einsamer Schönheit der mächtige Hua Shan. Er ist einer der fünf mythischen Berge Chinas. Der höchste der fünf Gipfel ist der 2160 Meter hohe Südgipfel. Die gebührenpflichtigen Wege (100 Yuan) sind nicht ungefährlich, oft geht es entlang der Strecke, die nur mit Ketten gesichert ist, steil bergan, sodass man schwindelfrei sein sollte. Ein chinesisches Sprichwort lautet: »Nur ein einziger Pfad führt zum Gipfel des Hua Shan«, was bedeutet, dass der schwierige Weg manchmal der einzige ist. Der anfangs recht einfach erscheinende Aufstieg windet sich etwa zwei Stunden lang durch die Schluchten, bevor er die schmale steile Steintreppe erreicht, die zum Nordgipfel (1615 m) führt. Man kann sich den Aufstieg aber auch sparen, mit der Seilbahn (60 Yuan) hochfahren und oben eine Rundwanderung zu den fünf Gipfeln unternehmen, die inklusive Auf- und Abstieg etwa acht Stunden dauert. Auf allen Gipfeln gibt es aber auch Hotels.

WEITERE INFORMATIONEN

www.xian-tourism.com, www.beilin-museum.com (Stelenwald-Museum), www.bmy.com.cn (Terrakotta-Armee), www.xiandayanta.com (Große Wildganspagode)

Moderne Brücken führen nach Luoyang (Mitte), aber die beiden ersten buddhistischen Mönche, die dort eintrafen, kamen zu Pferd. Ihnen zu Ehren wurde der Tempel des Weißen Pferds errichtet (unten). 600 Jahre später erreichte der chinesische Buddhismus mit den Longmen-Grotten seinen künstlerischen Höhepunkt (rechts).

13 Luoyang

Zentrum des Buddhismus

Luoyang diente 934 Jahre lang insgesamt neun Dynastien als Hauptstadt. Die Sternstunde aber kam unter den Toba, turkstämmigen Nomaden, die 494 ihre Hauptstadt von Datong am Rand der Steppe nach Luoyang verlegten. Die Stadt avancierte daraufhin zum Zentrum des von den Toba-Herrschern zur Staatsreligion deklarierten Buddhismus. Ihr spektakulärstes Erbe sind die einzigartigen buddhistischen Longmen-Grotten.

Dank seiner geografischen und klimatischen Bedingungen war das um 1200 vor Christus gegründete Luoyang prädestiniert, im wachsenden chinesischen Selbstbewusstsein eine militärische, wirtschaftliche und kulturelle Schlüsselrolle zu spielen. Seine eigentliche Bedeutung aber verdankte die Stadt dem Buddhismus. So unauffällig sickerte der Buddhismus nach China ein, dass schon kurz nach seiner Ausbreitung niemand mehr so recht wusste, wann eigentlich genau diese neue Religion ihren Weg ins Reich der Mitte gefunden hatte. Eine wichtige Etappe dabei war jedenfalls die Bekehrung der Kushan, die Baktrien (etwa das heutige Afghanistan) beherrschten: Kaiser Wu, der von 141 bis 83 vor Christus regierte, hatte Gesandtschaften unter seinem Diplomaten Zhang Qian über die Seidenstraße nach Baktrien geschickt. Im Gegenzug dürfte der Buddhismus nach China vorgedrungen sein.

Ein Land wird buddhistisch

In chinesischen Quellen wird der Buddhismus erstmals im Jahr 67 nach Christus erwähnt, als ein seltsamer Traum des Kaisers Ming von einem seiner Minister dahingehend gedeutet wurde, dass er Buddha, den Erleuchteten, gesehen habe. Um mehr über Buddha zu erfahren, schickte der Kaiser daraufhin eine Gesandtschaft nach Westen, die Bücher mit 42 Kapiteln der heiligen buddhistischen Schriften und ein Bild des Buddha Shakyamuni zurückbrachte. Für diese Heiligtümer ließ der Kaiser im Jahr 68 das Kloster des Weißen Pferdes (Baima Si) in Luoyang errichten. Damit ist es zugleich der älteste buddhistische Tempel Chinas.

Unter den sich gründlich dem Chinesischen assimilierenden Toba nahm die Entwicklung des Buddhismus einen enormen Aufschwung. Eine gewaltige Welle buddhistischer Frömmigkeit erfasste das Land, mit Luoyang als Zentrum

Kunstvolles Detail im Tempel des Weißen Pferdes (oben). Blick auf die prachtvolle Buddha-Skulptur (Mitte) im weltberühmten Shaolin-Kloster (rechts oben), dessen Kungfu-Schüler im Pagodenwald posieren (rechts unten). Schon in der Zhou-Dynastie waren prunkvolle Grabbeigaben, hier ein Fuhrwerk mit sechs Pferden, üblich (unten).

des ostasiatischen Buddhismus. Überbordender Prunk und zur Schau gestellte Herrlichkeiten und Heiligtümer waren die Kennzeichen der Hauptstadt während der Tang-Zeit, als Luoyang eine Periode kontinuierlichen Wohlstands und Wachstums erlebte: Zu dieser Zeit besaß die Stadt die sagenhafte Anzahl von 1367 großen und kleinen Klöstern bei einer Bevölkerung von einer halben Million Menschen.

Heilige Stätten in Stein

Für die Mehrheit der asiatischen Völker war der Buddhismus zur Universalreligion geworden und China dessen Kernland. Während der Sui- und Tang-Zeit wurde er integrierter Bestandteil der chinesischen Kultur. Die Klöster waren Zentren einer weltlichen wie auch religiösen, chinesischen wie auch buddhistischen Kultur. Dem Typ des gebildeten Mönchs, der Dichter, Maler und Kalligraf war, entsprach derjenige des frommen weltlichen Gebildeten, der sich für buddhistische Philosophie interessierte, Konzentrationspraktiken betrieb und fähig war, mit Mönchen oder Eremiten über einzelne Punkte der Lehre zu diskutieren. Mit den spirituellen Einflüssen drangen über die Seidenstraße auch neue Künste nach China vor.
Zusammen mit der Bildhauerei etablierte sich das Anlegen von Felsgrotten als neue künstlerische Ausdrucksform. Der Grottenbau war ursprünglich eine den indo-iranischen Grenzgebieten und Indien eigene architektonische Technik. Die Herrscher der Nördlichen Wei ließen nach ihrem Umzug an beiden Seiten des Yi-Flusses erste Höhlengrotten anlegen, an denen fast 400 Jahre lang ununterbrochen gearbeitet wurde. Das Ergebnis waren 1352 einzelne Höhlen und 750 Nischen mit 97 300 großen und kleinen Statuen, 40 buddhistischen Pagoden und 3608 Inschriften. Nur ein Teil davon ist erhalten geblieben, sei es, dass die Grotten verschüttet wurden, dem Vandalismus zum Opfer fielen oder von Kunsträubern aus aller Welt systematisch geplündert wurden. Dennoch sind die Longmen-Grotten noch immer derart eindrucksvoll, dass sie zu Recht seit einigen Jahren zum UNESCO-Welterbe zählen.

Mythischer Berg und kämpfende Mönche

Der fraglos wichtigste Abstecher von Luoyang führt zum mythischen heiligen Berg Song Shan, der sowohl den Daoisten wie auch den Konfuzianern und den Buddhisten heilig ist. Dieser Ort galt als Mittelpunkt zwischen Himmel und Erde, weshalb die meisten Kaiser hierher pilgerten, um sich ihrer Macht als Himmelssöhne zu versichern.
Zwar war der Song Shan allen chinesischen Religionen heilig, aber kein anderes Kloster Chinas erlangte größere Berühmtheit als das buddhistische Shaolin-Kloster. Es wurde im Jahre 495 gegründet und gilt als der Geburtsort des Chan-Buddhismus (besser bekannt als Zen). Unter dem Mönch Damo hatte der Buddhismus vom Daoismus das Naturerlebnis übernommen; neue Meditationstechniken erschlossen eine ganz neue Erfahrungswelt, aus der heraus sich schließlich das Kungfu entwickelte. Diese Schule ist einer der wesentlichen Beiträge Chinas zur Entwicklung des Buddhismus.

Vom Tempel aus erreicht man nach einem kurzen Fußmarsch den berühmten Pagodenwald. Während der Zeitspanne eines Jahrtausends wurden hier mehr als 200 hervorragende Äbte und Mönche beigesetzt. Der Wald – in China bezeichnet der Begriff Wald auch die Grabstätten von Heiligen – ist ein einzigartiges Museum der Pagodenstile verschiedener Epochen. Flankiert wird der Pagodenwald im Norden vom Tempel des Ersten Patriarchen, der zu Ehren des Ersten Patriarchen des Chan-Buddhismus Damo errichtet wurde, und im Süden vom Tempel des Zweiten Patriarchen, in dem Damos Nachfolger verehrt wird. Bis heute hat Shaolin nichts von seinem Nimbus eingebüßt. Zu seiner weltweiten Popularität haben unzählige Filme, in denen alle paar Minuten Kämpfende mit martialischen Schreien und Saltos schlagend durch die Luft wirbeln. Tausende chinesischer Touristen ergötzen sich hier Tag für Tag an einem überkommerzialisierten Rummel, der fast schon wie ein Kungfu-Disneyland anmutet.

Konfuzianische und daoistische Stätten

Der Trubel um das Shaolin-Kloster lässt vergessen, dass der Song Shan, der 2010 zusammen mit Dengfeng in die Liste des UNESCO-Welterbes aufgenommen wurde, viele weitere großartige Zeugnisse des klassischen China birgt. So steht nahe der Ortschaft Dengfeng am Fuße des Berges die 484 gegründete Songyang-Akademie, eine der vier wichtigsten und zugleich ältesten konfuzianischen Schulen des Landes. Die Gründung des anfangs kaiserlichen und später daoistischen Zhongyue-Tempels geht auf das dritte vorchristliche Jahrhundert zurück, die ganze Anlage atmet tiefe Spiritualität. Bei Dengfeng steht auch das berühmte Gao-Cheng-Observatorium aus dem Jahr 1276. An diesem Ort ermittelte der Astronom, Mathematiker und Kalendermacher Guo Shoujing (1231–1316) mit den Daten anderer Beobachtungsstationen die fast exakte Umlaufbahn der Erde um die Sonne, er verrechnete sich um bloß 26 Sekunden!

KUNGFU-TRAINING IN SHAOLIN

Wer kennt sie nicht, die Filme, in denen Bruce Lee oder Jacky Chan durch die Lüfte wirbeln und es mit jedem Gegner aufnehmen. Weniger bekannt ist, dass man Kungfu auch an seinem Ursprungsort erlernen kann. Zugegeben, das Training ist hart, dauert bis zu acht Stunden täglich – und das an sechs Tagen in der Woche. Bei 30 °C, ungewohntem Essen und Trainern, die auf persönliche Befindlichkeiten keinerlei Rücksicht nehmen, ist das nicht immer ein leichtes Unterfangen. Aber wie schon Konfuzius sagte: »Um an die Quelle zu kommen, muss man gegen den Strom schwimmen«. Dem Weg zur wahren Meisterschaft wird man dafür ein deutliches Stück näher kommen. Es gibt in Dengfeng, das auch als Kungfu City bekannt ist, viele Schulen, die ausländische Schüler aufnehmen, und man sollte sich schon im Vorfeld genau über die Leistungen und Lehrer informieren. Man kann Kurse ab vier Wochen bis zu einem Jahr belegen, ganz nach persönlichen Vorlieben. Eine sehr gute Website zur Vorbereitung eines solchen Aufenthalts ist www.shaolin-wushu.de.

WEITERE INFORMATIONEN

www.lyta.com.cn, www.longmen.com, www.shaolin.org.cn

Daoistische Mönche, die hier ausgebildet werden, prägen noch immer den Alltag am Wudang Shan (Mitte). Wächter in der Goldenen Halle auf dem Gipfel (unten). Der Palast der Purpurwolken ist der größte Komplex des heiligen daoistischen Gebirges (rechts unten). Ein Taiji-Meister führt seine Kampfkunst vor (rechts oben).

14 Wudang Shan

Heiliger Berg der Daoisten

Die Wudang-Berge, heilige daoistische Berge im Nordwesten der Provinz Hubei, werden auch »Heiligstes Gebirge unter dem Himmel« genannt und erstrecken sich über eine Fläche von 400 Quadratkilometern. Seit der Tang-Zeit, vor allem aber in der Ming-Zeit, sind die 72 Gipfel großzügig mit daoistischen Tempeln bebaut worden, darunter 45 Haupttempel und Nonnenklöster, 72 Schreine und zahlreiche Höhlen und Einsiedeleien.

Die Paläste und Tempel, mit denen die gesamte Gebirgsregion des Wudang Shan bestückt ist, sind von der Tang-Zeit bis hin zur Yuan-, Ming- und Qing-Dynastie entstanden. Das Zentrum dieses daoistischen Universums ist der Palast der Purpurwolken, ein Gebäudekomplex, der in einer einzigen Kraftanstrengung im Laufe von einer Dekade zu Beginn der Ming-Dynastie entstanden ist. Es gibt kein besseres Beispiel für den hohen künstlerischen und architektonischen Standard der frühen Ming-Zeit.

Ein kaiserlicher Auftrag

Begonnen hatte alles mit dem daoistischen Ritual eines Gouverneurs der Wudang-Region, der erfolgreich um Regen betete. Um an den frommen Erfolg dieses Gouverneurs zu erinnern, ordnete Kaiser Taizong Anfang des 7. Jahrhunderts den Bau der Fünf-Drachen-Halle an. Kurz darauf wurden weitere Tempel errichtet, und schon im Jahr 1304 bekam die gebirgige Region den Beinamen »Gesegnetes Land«. Die große Stunde des Wudang Shan schlug mit der Thronbesteigung des dritten Ming-Kaisers Zhu Di (Yongle). Zehn Jahre nach seiner Machtübernahme 1403 gab er den Auftrag zum Bau von neun Palästen, neun Tempeln, 36 Klöstern, 72 Schreinen und über 100 Steinbrücken. Mehr als 20 000 Arbeiter schufteten zwölf Jahre, um das ehrgeizige Bauvorhaben fertigzustellen. Erhalten geblieben sind von diesem Großprojekt Zhu Dis vier daoistische Paläste (von drei weiteren gibt es nur noch Ruinen), zwei Tempel und zahlreiche Klöster und Schreine, die sich um den 1612 Meter hohen Tianzhu-Gipfel gruppieren und durch ein Netz heiliger, verwunschen wirkender Wege verbunden sind. Der Palast der Purpurwolken, der 1413 auf den Fundamenten eines 1119–1126 erbauten Tempels errichtet und zwischen 1803–1820 erweitert

wurde, ist die größte und am besten erhaltene Tempelanalge des Wudang Shan, die in ihrer Gesamtheit 1994 auf die Welterbe-Liste der UNESCO genommen wurde.

Heimat des Schattenboxens

Auf diesem wichtigsten daoistischen heiligen Berg Chinas ist die moderne Zeit spurlos vorübergegangen. Mönche und Nonnen, deren lange Haare zu einem kleinen Dutt gebunden sind, alte Mönche mit weißen Bärten und daoistischen schwarzen oder gelben Gewändern entrücken den Fremden in die Vergangenheit, besser, sie entheben ihn der Zeit. Die Tempel und Klöster scheinen mit der Landschaft zu verschmelzen. In aller Herrgottsfrühe dringen daoistische Gesänge aus den Klöstern ans Ohr und fangen einen ein. Diese philosophischen Gesänge erzählen vom Daoismus, unterrichten über Traditionelle Chinesische Medizin, über die Gesetze der Natur, die menschliche Psychologie und das Verhalten von Tieren.

Doch der Wudang Shan steht auch noch für ein anderes Ereignis. Hier soll nämlich das Schattenboxen (Taiji Quan) erfunden worden sein. Es wird erzählt, dass der sagenumwobene Zhang Sanfeng eines Nachts einen Traum hatte, in dem ihm von der höchsten Gottheit der Wudang-Berge, Zhenwu, die Wudang-Kampfkunst vermittelt wurde. Zhang Sanfeng war ursprünglich ein Meister des Kungfu, doch empfand er es als zu hart, der Gesundheit nicht zuträglich, und er erkannte darin auch viele Schwachpunkte, die von Gegnern ausgenutzt werden könnten.
Nach dem Traumerlebnis legte Zhang Sanfeng die Methoden des Shaolin ab und entwickelte die Innere Kampfkunst des Wudang, einen Kampfstil, der dem Shaolinstil in seinem Ausdruck vollkommen entgegengesetzt ist. Der Wudangstil, gut für Körper und Geist, beruht vor allem auf folgenden Prinzipien: »das Weiche besiegt das Harte«, »Ruhe besiegt die Bewegung«, »vier Unzen bewegen eine Tonne«.

EINE PHILOSOPHISCHE KUNST

Die Wudang-Berge sind ein perfektes Reiseziel für Kulturinteressierte. Sie bieten aber auch das absolut stimmige Ambiente, um in den Tempeln bei kompetenten Lehrern die fließenden Bewegungen des Taijiquan zu erlernen. Das chinesische Schattenboxen ist eine Übung aus dem Qigong, einem Sammelbegriff für alle Übungszweige, die sich nach dem Qigong-Prinzip von Körper, Atem und Geist richten. Taijiquan zeichnet sich durch seine langsamen, sanften und fließenden Bewegungen aus. Obwohl von manchen als sanfte Gymnastik geübt oder aber als Kampfkunst exerziert, ist es seinem Wesen nach weder das eine noch das andere, sondern eine Bewegungskunst mit philosophischem Überbau. Taiji bedeutet die perfekte Harmonie von Yin und Yang. Die Bewegungen sind gleichsam die Veräußerlichung der Philosophie: Ziel der Übungen ist es, die körperliche Harmonie zwischen linker und rechter, oberer und unterer Körperhälfte, die Ausgeglichenheit zwischen Geist und Körper, Innen und Außen, dem Selbst und der Umwelt zu schaffen. Infos zu Kursen vor Ort gibt es unter www.wudang.info.

WEITERE INFORMATIONEN

www.chinawudang.com

War die Befahrung des Yangzi zwischen Chongqing und Yichang früher ein gefährliches Unterfangen, fährt man heute bequem mit Kreuzfahrtschiffen (Mitte) durch die Drei Schluchten (unten). Auch Frachtschiffe kommen hier gut voran (rechts unten). Interessant ist auch die erste große Biegung des Flusses in Shigu (rechts oben).

15 Kreuzfahrt auf dem Yangzi

Entlang der Lebensader Chinas

3800 Kilometer hat der mit rund 6300 Kilometern längste Fluss Chinas und drittlängste Fluss der Erde bereits hinter sich, wenn er endlich die hügelige »Zunge« von Chongqings Zentrum umspült. 700 Nebenflüsse ergießen ihre Wassermassen in den Chang Jiang, den Langen Fluss, und bewässern sechs Provinzen sowie 20 Prozent der chinesischen Ackerfläche. Damit ist der Yangzi die wichtigste Lebensader Chinas.

Morgens hüllt sich die felsige, von Yangzi und Jialing Jiang umspülte Halbinsel mit dem Stadtzentrum Chongqings meist noch in dichten Nebel. Der braune, zu Füßen der Stadt träge dahinströmende Yangzi lässt kaum ahnen, welche Gewalten er bei Hochwasser wie zuletzt 1998 entwickeln kann. Dabei hat der längste Fluss Chinas bis Chongqing bereits mehr als die Hälfte seines Laufs zurückgelegt und ist dabei von den eisigen Höhen des Qinghai-Tibet-Hochlands in zahllosen Kaskaden 5200 Höhenmeter hinabgestürzt, hat in schmalen Schluchten reißende Strudel gebildet und zahlreiche große und kleine Zuflüsse in sich aufgenommen.

Ein gefährlicher Strom

Ein gefährlicher Strom war der Yangzi oder Chang Jiang, wie er in China normalerweise genannt wird, an seinem Oberlauf schon immer. Oft war die Strömung so stark, dass die Dschunken stromaufwärts von Hunderten von menschlichen Schleppern gezogen werden mussten. Viele dieser Schwerstarbeiter kamen bei der unseligen Arbeit ums Leben. Noch bis Anfang des 20. Jahrhunderts dauerte die Reise stromaufwärts von Yichang nach Chongqing bei Niedrigwasser 30 Tage und bis zu 50 Tage bei Hochwasser. Stromabwärts war man etwa fünf bis zwölf Tage unterwegs. Erst mit der Sprengung von Hindernissen und dem Bau des Gezhouba-Damms hinter Yichang konnte die Reise auf dem Yangzi sicherer gemacht werden. Heute ermöglicht der gigantische Drei-Schluchten-Damm das Befahren der großartigen Flusslandschaft mit riesigen Luxusschiffen.

Höllenstadt und Steinschatzfestung

Fengdu, »Stadt der Geister«, heißt der erste interessante Halt. Hier materialisiert sich der ureigenste, so pragmatische chinesische Charakter. Im alten China glaubte man, dass die Seele eines jeden Verstorbenen vor den Gott der Hölle treten müsse. Die grausamsten Strafen

Ein Kreuzfahrtschiff bei der Fahrt durch die Xiling-Schlucht (oben). Viele Geschichten, die in diesem Buch (Mitte) festgehalten werden, ranken sich um den Yangzi. Abendstimmung auf dem Yangzi (unten). Blick auf den gigantischen Drei-Schluchten-Staudamm (rechts unten) und die spektakulären Grotten von Dazu (rechts oben).

erwarteten jene Sünder, die vom Höllengott in den chinesischen Hades geschickt wurden. Doch findig wie immer, wussten die Chinesen einen Ausweg, und der befand sich in Fengdu, dem Sitz des Königs der Unterwelt. 704 wurde ihm zu Ehren ein erster Tempel auf dem heiligen daoistischen Berg Ming gebaut. Gegen gutes Geld konnte man dort einen »Himmelspass« erwerben und sich damit von der Hölle freikaufen. Den Tempeln ging es dabei blendend, und es wurden ihrer immer mehr. Sie sind originell ausgestattet mit allerlei Darstellungen von Höllenqualen, Folterwerkzeugen und grausamen Dämonen.
Als Nächstes passiert das Schiff Shibaozhai, die »Steinschatzfestung«, ein von der Flussperspektive aus höchst beeindruckendes Bauwerk, das sich, nach oben verjüngend, über 30 Meter einen Fels hochzieht. Dieser einem Jadesiegel ähnelnde Fels soll von Nüwa, der Gattin und Schwester des Ehrwürdigen Urkaisers Fuxi, geschaffen worden sein, als sie nach einem Kampf mit dem Ungeheuer Gongnong die zerstörte Himmelssäule reparierte und dabei einen Erdrutsch auslöste.

Durch die Qutang-Schlucht

Weiter stromabwärts passiert man den Tempelkomplex Baidi Cheng gleich an der Einfahrt zur Qutang-Schlucht. Die Anlage ist eine Huldigung an die Helden von Shu, drei in ganz China berühmten Freunden aus dem dritten Jahrhundert, die hier als Statuen zu sehen sind. Seinen Namen verdankt der Tempel allerdings einem anderen Ereignis. Am Anfang des ersten Jahrhunderts erkor ein hoher Offizier und Beamter namens Gong Sunshu den Ort zu seinem Hauptquartier. Im Jahr 25 entwich auf einmal aus einem Brunnen im Hof seines Palastes weißer Rauch in Form eines Drachens. Überzeugt davon, dass es sich um ein Omen handeln müsse, proklamierte Gong sich zum Weißen Kaiser (Baidi) und nannte den Ort fortan »Stadt des Weißen Kaisers« (Baidi Cheng).
Zu Füßen von Baidi Cheng formen zwei Berge das Kui-Tor (Kui Men), die Einfahrt in die Qutang-Schlucht. Früher zählte diese Stelle zu den gefährlichsten Durchfahrten und war nur mithilfe von Schiffsziehern zu überwinden, welche die Dschunken flussaufwärts über die Stromschnellen beförderten. 107 Meter ist der Yangzi hier breit, und zu Hochwasserzeiten steigen die Fluten bis zu 50 Metern an, im September 1929 waren es sogar mehr als 75 Meter. Noch bis in die 1950er-Jahre hinein flankierte ein 40 Meter hoher Felsblock das Kui-Tor. Verschwand er in den Fluten des Yangzi, wurde der Schiffsverkehr eingestellt. Als Gefahrenstelle für die Schifffahrt wurde der Fels 1959 gesprengt.
Nur knapp acht Kilometer lang ist diese erste Schlucht; sie ist die vielleicht schönste Passage auf der Fahrt: So ziemlich jeder Gipfel, jeder Fels und jedes Loch sind von einer Legende umwoben. Kurz hinter Baidi Cheng passiert man die am Südufer gelegenen, wie ein Z wirkenden Mengliang-Treppen, die gleich von mehreren Sagen umrankt sind. So soll General Meng Liang über sie mit seiner kompletten Armee, die auf ihren Schiffen in der Schlucht eingekesselt worden war, entkommen sein,

indem die Männer versetzt angeordnete Löcher in den Fels meißelten und diese mithilfe hölzerner Pflöcke zu Leitern verbanden.

Kleine und große Schluchten

Bei der Ortschaft Wushan zweigen die sogenannten Drei Kleinen Schluchten ab, die sich über 33 Kilometer den Daning-Fluss entlang nach Norden ziehen. Sie sind im Besuchsprogramm der meisten Ausflugsschiffe enthalten. Danach fährt man in die 40 Kilometer lange Hexenschlucht (Wu Xia) ein, die bei Zigui, dem Geburtsort des berühmten Staatsmanns Qu Yuan, endet, der sich, bedrückt von der Korruptheit der Regierung, ertränkte. Ihm verdanken die Chinesen das Drachenbootfest, denn der Legende nach wurde in Drachenbooten nach seinem Leichnam gesucht. Hinter Zigui passiert man die 76 Kilometer lange Xiling-Schlucht, an deren Ausgang bei Sandouping sich der monumentale Drei-Schluchten-Staudamm befindet. Mehrere Stunden dauert es, bis die Schiffe durch die drei Ebenen des Schiffshebewerks durch sind und endlich in Yichang, dem Endpunkt der meisten Kreuzfahrten, andocken.

Ein Damm der Superlative

Das mehr als 40 Jahre in den Schubladen der chinesischen Regierung schlummernde Mammutprojekt wurde als »der schrecklichste unter den Großdämmen der Welt« tituliert. Einmalig in der Geschichte des kommunistischen China, konnte das Staudammprojekt im April 1992 nur mit einer hauchdünnen Mehrheit vom VII. Nationalen Volkskongress bestätigt werden. Eine prekäre Mehrheit für ein auf den ersten Blick vernünftiges Vorhaben: Hochwasserschutz gegen die oft verheerenden Fluten, Energieerzeugung, Schifffahrt und Wasserversorgung in einem. Doch dafür mussten 1,3 Millionen Menschen umgesiedelt werden, 30 000 Hektar fruchtbares Ackerland wurden vernichtet, 13 Städte, 140 Kleinstädte, 657 Fabriken und zahlreiche historische Stätten versanken in den Fluten des Yangzi. Und über die Tragweite der Vernichtung eines kompletten Ökosystems wollte man sich keine Gedanken machen.

DIE GROTTENHEILIGTÜMER BEI DAZU

Rund 125 Kilometer nordwestlich von Chongqing befinden sich die buddhistischen Tempelgrotten von Dazu, die zum UNESCO-Welterbe gehören. Vom 9. bis zum 12. Jahrhundert wurden rund 50 000 Skulpturen in den Fels gehauen. Die buddhistischen Bildhauer fanden hier ideale Bedingungen für ihre Arbeit, und man kann an ihren Werken exemplarisch verfolgen, wie der vormals im Norden Chinas vorherrschende Kunststil mit dem Zusammenbruch der Tang-Dynastie 907 in den Süden verpflanzt wurde. Die Skulpturen von Dazu sind weniger fein gearbeitet als in den Grotten entlang der Seidenstraße. Trotzdem zählen sie zu den letzten bedeutenden Kunstwerken dieser Art, bevor die Grottenkunst in China zum Erliegen kam. Von Chongqing fahren laufend Busse in zwei Stunden nach Dazu, sodass man den Ausflug als Tagestrip vor der Yangzi-Kreuzfahrt unternehmen kann (Infos: www.dzshike.com).

WEITERE INFORMATIONEN ZU DEN YANGZI-SCHLUCHTEN

www.seecq.com (Chongqing),
www.sxdaba.com (Drei-Schluchten-Damm),
www.cqdz.gov.cn (Dazu)

Die bizarren Felslandschaften von Zhangjiajie (Mitte) bilden eine einzigartige Kulisse auf den Wanderungen durch das zum UNESCO-Welterbe zählende Naturschutzgebiet, das dank seiner jahrhundertelangen Abgeschiedenheit von vielen seltenen Pflanzen- und Tierarten, darunter den Rhesusaffen (unten) bewachsen und bewohnt wird.

16 Zhangjiajie-Nationalpark

Paradies im Herzen Chinas

Der Zhangjiajie-Nationalpark, bekannt auch unter dem Namen Wulingyuan-Nationalpark, gehört zu den spektakulärsten Naturlandschaften Chinas. Seit das Naturparadies als Kulisse für die fliegenden Berge in James Camerons Blockbuster *Avatar* diente, ist es endgültig in die Galerie der schönsten Landschaftsgebiete Chinas, ja der Welt aufgenommen worden.

Hoch im Norden der Provinz Hunan, der »Wiege der Staatsmänner, Philosophen und Dichter« – Mao Zedong, sein größter Kontrahent Liu Shaoqi, Peng Dehuai, der es wagte, Mao zu kritisieren und dafür starb, Hu Yaobang und die Schriftstellerin Ding Ling wurden hier geboren – liegt Wulingyuan, ein über 26 000 Hektar großes Naturparadies, das von über 3000 bis zu 200 Meter hohen kerzengeraden Pfeilern, Säulen und Gipfeln aus Sandstein geformt wird.

Wulingyuan war im Verlauf seiner Geschichte kaum besiedelt. Deshalb findet man hier über 3000 Pflanzenarten und viele vom Aussterben bedrohte Tiere wie Riesensalamander, Nebelparder oder den Asiatischen Schwarzbär.

Märchenlandschaften voller Fantasie

Die in einer urtümlichen Landschaft liegende Suoxi-Schlucht (Suoxi Yu) und der grandiose Tianzi-Berg (Tianzi Shan) mit seinen Wasserfällen, Karsthöhlen und Tempelruinen, einsame Seen, deren azurblaues Wasser mit dem Smaragdgrün der Wälder um die Wette leuchtet, bizarr geformte Felsen, von Kiefernwäldern bedeckte Berge, Täler, die vom Duft der Mischwälder erfüllt sind, malerische Dörfer der Bai-, Tujia- und Miao-Nationalitäten, das alles sind Gründe für einen längeren Aufenthalt im Nationalpark, der auf der Liste des UNESCO-Welterbes steht.

Der Nationalpark besteht aus den drei Teilen Zhangjiajie, Suoxi Yu und Tianzi Shan; sie liegen zum Teil weit auseinander und sind durch Wanderwege und Straßen untereinander verbunden. Um genügend Zeit vor Ort zu haben, sollte man wenigstens drei Tage bleiben, nur so erschließt sich dem Besucher die ganze Vielfalt der Region. Startpunkt für einen Besuch ist die Stadt Zhangjiajie, wo es einen Bahnhof und einen Flughafen gibt und von wo aus man ins Dorf Zhangjiajie am Parkeingang gelangt.

WEITERE INFORMATIONEN ZU WULINGYUAN:
http://go.zjj.gov.cn

17 Fenghuang

Malerisches Hunan

Das malerische Städtchen Fenghuang wird von Pfahlbauten, schmalen gepflasterten Straßen und den kulturellen Eigenheiten der Miao- und Tujia-Minderheiten geprägt. Das labyrinthische Straßengewirr bietet viele Möglichkeiten, sich ziellos treiben zu lassen, sich in der beschaulichen Kulisse zu verlieren und ein Stück China zu erleben, wie es vielerorts noch bis in die 1990er-Jahre bestanden hat.

Fenghuang ist klein und ruhig. Entsprechend einfach kann man sich hier zurechtfinden. Der Großteil der Altstadt breitet sich südlich des Tuo-Flusses aus. Die gepflasterte Dongzheng Jie ist die von alten Häusern gesäumte Hauptstraße, die sich vom Zentrum entlang bis zum Osttor zieht. Am Südufer des Tuo verläuft noch ein restauriertes Teilstück der alten Ming-zeitlichen Stadtmauer. Von West nach Ost sind die Stadttore Nanhua Men, das Nord- und das Osttor erhalten. Die Tore führen zu einer Straßenbrücke, einer hölzernen Fußgängerbrücke mit angrenzenden Trittsteinen und zur Hong Qiao, einer 300 Jahre alten, überdachten Brückenkonstruktion am östlichen Ende der Mauer.

Bedeutende Personen (die Miao sind keine Chinesen) haben in Fenghuang das Licht der Welt erblickt, darunter Xiong Xiling, ein Angehöriger der Miao-Nationalität, der nach dem Zusammenbruch der Qing-Dynastie Chinas erster republikanischer Premierminister wurde. Shen Congwen (1902–1988) war ein bedeutender Schriftsteller. Auch er war ein aus Fenghuang gebürtiger Miao; die meisten seiner Erzählungen handeln von den Miao und den Landschaften des westlichen Hunan. Seine Werke waren sowohl in der VR China als auch in Taiwan verboten, nachdem er sich geweigert hatte, sich mit einem der beiden Chinas zu solidarisieren.

Die Südliche Große Mauer

Im Jahr 2000 wurde ganz in der Nähe von Fenghuang die Südliche Große Mauer entdeckt. Bis dahin hat man, unglaublich aber wahr, von der Existenz dieser 1554 erbauten Mauer überhaupt nichts gewusst, und das obwohl sie über eine Strecke von 190 Kilometern von Xiqueying im Westen Hunans bis nach Tongren in Guizhou verläuft und seinerzeit als Verteidigungswall gegen die Miao errichtet worden war.

WEITERE INFORMATIONEN:
www.hnfhgc.com (aktuell nur auf Chinesisch)

Fenghuang ist dank ihrer gut erhaltenen Altstadt eine Stadt wie aus dem Bilderbuch, was ihr wohl den Abriss erspart hat. Die praktischen Trittsteine (Mitte) waren eine Möglichkeit, den Tuo-Fluss zu überqueren, deutlich stilvoller und trockenen Fußes gelangt man über die aufwendige Hong Qiao (unten) auf die andere Seite.

Nicht nur die Bedeutung Labrangs als eines der wichtigsten Lama-Klöster (Mitte) außerhalb Tibets, sondern auch die Lage, die an das tibetische Hochland erinnert, brachte Xiahe den Beinamen Klein-Tibet ein. Mittags funkelt die vergoldete Gongtang-Pagode vor dem Kloster Labrang in der grellen Sonne (unten).

18 Xiahe

Mystisches »Klein-Tibet«

Die Straße ins 2920 Meter hoch gelegene Xiahe führt durch eine herrliche, abwechslungsreiche Löss-, Wüsten- und Gebirgslandschaft. Der kleine Ort inmitten der Berge, der in von Han, Hui und in ein von Tibetern bewohntes Viertel unterteilt ist, wird von dem mächtigen, weitläufigen Komplex des Klosters Labrang beherrscht, einem der wichtigsten Lama-Klöster außerhalb Tibets.

Das Kloster Labrang wurde 1709 auf Initiative des Lebenden Buddha Jamyang Shepa Ngawang Tsondru gegründet, dessen 6. Inkarnation Lobsang Jigme heute das Kloster leitet. Dem Rang nach steht der Jamyang Shepa innerhalb der Gelbmützenschule gleich hinter dem Dalai-Lama und dem Pantschen-Lama. So nimmt es nicht wunder, dass Labrang sich schon nach kurzer Zeit zu einem der sechs größten tibetischen Klöster entwickelte. Es ist außerhalb des tibetischen Kernlands mit seinen 1200 Mönchen neben dem Kloster Kumbum (Xining, Provinz Qinghai) das größte lamaistische Kloster und das wichtigste buddhistische Zentrum der Gelbmützenschule in der nordöstlichen Grenzregion zur Autonomen Region Tibet, dem alten Amdo. Diese Bedeutung brachte Xiahe auch den Beinamen »Klein-Tibet« ein. Erleben kann man die tibetische Atmosphäre vor allem am frühen Morgen, wenn die von weither angereisten Pilger in tiefer Versenkung das Kloster umwandern.

Kloster und Universität

Die angehenden Mönche Labrangs studieren in sechs Fakultäten, die vielleicht wichtigste ist die der tibetischen Medizin. Daneben werden auch Esoterik, Astronomie, Theologie sowie das Rad der Zeit (Kalachakra) gelehrt. Besonders hervorzuheben ist die Schule für Tanz – nicht zuletzt deshalb, weil Besucher die die Mönche beim Üben der Cham-Masken-Tänze oder anderer kultischer Tänze beobachten dürfen. Die großen Feste, an denen diese Tänze aufgeführt werden, sind z. B. das Monlam-Fest drei Tage nach dem tibetischen Neujahr (meist Ende Februar, Anfang März), an dem riesige Thangkas (auf Leinen oder Seide gemalte heilige Bilder) entrollt werden, und das große Fest zur Vertreibung der Dämonen am 7. und 8. Tag des zweiten (tibetischen) Mondes. Diese Feste ziehen jährlich Tausende tibetische Pilger an, und man hat Gelegenheit, sie in ihren Festtrachten zu sehen.

WEITERE INFORMATIONEN:
www.labuleng.com.cn

19 Xining

Nahtstelle der Religionen

Seit Jahrhunderten ist das bereits im Jahr 121 vor Christus als Garnisonstadt unter dem Namen Xipingting gegründete Xining die Nahtstelle dreier Kulturen: der tibetisch-lamaistischen, der konfuzianisch-daoistischen und der islamischen Welt. Sie alle haben hier ihre Spuren hinterlassen. Hauptattraktion der Stadt ist das etwa 35 Kilometer südwestlich gelegene Kloster Kumbum.

Mit der Errichtung von Kumbum (Ta'er Si) wurde 1560 zu Ehren des hier geborenen Begründers der Gelbmützenschule, Tsongkhapa (1357–1419), begonnen. Die erste Anlage war bereits nach 17 Jahren fertig, sie wurde jedoch später immer weiter ausgebaut. 52 Hallen mit 9300 Gebets- und Meditationsräumen sowie 3600 Mönchszellen umfasste das Kloster in seinen besten Zeiten. Es gehört zu den sechs größten Klosteranlagen Chinas und war früher das wichtigste lamaistische Zentrum außerhalb Tibets; heute leben hier noch 400 Mönche.

Geburtsstätte des Tsongkhapa

Chörten sind die tibetische Sonderform eines Stupa. Gleich acht davon, die entscheidende Stationen aus dem Leben Buddhas symbolisieren, stehen beim Eingang in die Anlage; sie stammen aus dem Jahr 1776. Der nächste Bau des Klosters ist der Kleine Goldziegeltempel, errichtet 1631; es folgen der Friedensstupa, gestiftet von Gläubigen nach einem unbeschadet überstandenen Bombardement durch die Japaner, und der Blumentempel aus dem Jahr 1717. Die schönste Halle des Klosters ist die 1606 errichtete Große Sutrahalle (Dajing Tang) oder auch Große Halle der Meditation. Die 108 Säulen, von denen die Halle getragen wird, symbolisieren die 108 Bände der kanonischen Schrift des tibetischen Buddhismus Kanjur (Wort des Meisters).

An die Halle der Meditation sind die verschiedenen Lehrinstitute angeschlossen. Ihr gegenüber liegt das zentrale Gebäude des Klosters, die große Golddachhalle. Der Legende nach wurde genau an dieser Stelle Tsongkhapa geboren. Bei dessen Geburt sei das Blut seiner Mutter in den Boden gesickert, und daraus ein Bodhi-Baum (Baum der Erleuchtung) gewachsen, der unzählige Buddha-Bildnisse in seinem Stamm und auf den Blättern trug.

WEITERE INFORMATIONEN: www.xnly.gov.cn (Chinesisch), http://xining.cncn.com (Chinesisch)

Das Kloster Kumbum gehört zu den größten tibetischen Tempelkomplexen Chinas und wird von rund 400 Mönchen bewohnt, die hier an verschiedenen Fakultäten lehren oder studieren (Mitte). Die Tore zu den einzelnen Tempelhallen werden von Katas, den typischen weißen tibetischen Begrüßungsschärpen, geschmückt (unten).

Die Mogao-Grotten (Mitte, rechts unten) gehörten zu den ersten buddhistischen Höhlengrotten auf chinesischem Territorium. Sie enthalten nicht nur buddhistische Skulpturen, sondern auch herausragende Malereien wie die fliegenden Apsaras (unten). Ein Rest der Großen Mauer aus der Han-Zeit (rechts oben).

20 Dunhuang

Buddhistischer Glanz und ein Dünenmeer

Die Oasenstadt Dunhuang liegt ganz im Westen der Provinz Gansu. Noch weiter westlich beginnen bereits die Ausläufer der Taklamakan-Wüste. Das bot die Voraussetzungen dafür, Dunhuang zum wichtigsten Sprungbrett in den wilden Westen Zentralasiens werden zu lassen. Inmitten mächtiger Dünen entstand mit den Mogao-Grotten auch eines der bedeutendsten buddhistischen Zentren Chinas.

Seit dem 2. Jahrhundert vor Christus galt Dunhuang am Rande der »Westlichen Gebiete« (Xiyu) als Grenze des chinesischen Reichs. Vorher lagerten hier wechselnde Nomadenvölker. Dunhuang ist die älteste bekannte Stadtgründung, die auf den Seidenhandel und die eigens dafür geschaffenen Transportwege zurückzuführen ist. In ihrer Blütezeit entwickelte sich die Oase zu einer der reichsten Städte Asiens mit weit über 100 000 Einwohnern. In den Jahrhunderten, in denen die Seidenstraße »lebte«, sollte Dunhuang nie seine überragende Bedeutung als Handelsplatz verlieren, unabhängig davon, ob die Gebiete westlich davon zu China gehörten oder nicht.

Als spätestens seit der Ming-Zeit die Handelstreibenden den sichereren Seeweg vorzogen, holte die Wüste sich den Ort zurück und ließ ihn zu einem winzigen Oasenflecken am Ende der Welt verkommen. Erst seitdem mit dem Tourismus eine neue Einkommensquelle sprudelt, gehört Dunhuang wie früher zu den wichtigsten Stationen entlang der Seidenstraße.

Buddhistische Kunst in Vollendung

Die Mogao-Grotten 25 Kilometer südöstlich von Dunhuang, auch bekannt als 1000-Buddha-Höhlen, gelten als eines der bedeutsamsten Zentren des Buddhismus in China. Die erste Höhle wurde laut einer Inschrift bereits im Jahre 366 angelegt. In der gleichen Inschrift wird berichtet, dass 698 bereits tausend Nischen und Höhlen existierten; 492 davon haben sich erhalten. Viele der rechteckigen oder quadratischen Grotten dienten als Kultstätten, einige aber auch als Mönchsbehausungen. Die Höhlen ziehen sich auf dem Sandsteinfelsen wie Waben in fünf Ebenen hin und waren einst über hölzerne Gänge und Treppen untereinander verbunden. 4500 Quadratmeter Wandfläche sind von Wandmalereien bedeckt, die ein regelrechtes Sittengemälde vergangener Zeiten vor Augen führen. Dargestellt

werden Szenen aus dem täglichen Volksleben, Bauern, Kaufleute – selbst Metzger bei der Arbeit.

Verborgene Schätze

Über die Jahrhunderte gerieten die Höhlen langsam in Vergessenheit, bis sie 1899 vom daoistischen Wandermönch Wang Yuanlu, der seine Heimat Hebei wegen einer Hungersnot verlassen hatte, wiederentdeckt wurden. Der Mönch begriff sogleich die Bedeutung seines Fundes und widmete fortan sein Leben der Restaurierung der Grotten. Dabei stieß er auf eine zugemauerte Bibliothek, die um das Jahr 1036 in Erwartung der Eroberung des Gebiets durch die Tanguten versiegelt worden war und über 50 000 Dokumente und Kulturzeugnisse aus der Zeit des 4. bis 10. Jahrhunderts in ihrem Inneren barg. Eine solche Sensation blieb den großen Zentralasienkennern natürlich nicht verborgen. Seit 1907 trafen hier so berühmte Forscher wie Aurel Stein, Paul Pelliot und Graf Otani ein, die Tausende von Dokumenten erwarben und in ihre Heimatländer brachten. Erst 1943 konnten die chinesischen Behörden den Ausverkauf der Mogao-Grotten stoppen. Ab 1949 wurde das einzigartige Kulturdenkmal, das 800 Jahre chinesischer und zentralasiatischer Kunstentwicklung repräsentiert, systematisch restauriert.

Ozean aus Sand

Eine weitere Attraktion Dunhuangs ist der bizarre Klingende Sandberg (Mingsha Shan), ein riesiges bis zu 1715 Meter hohes Sanddünengebirge, das aus Treibsand entstand und sich auf einer Fläche von 40 x 20 Kilometern erstreckt. Zwischen den Dünen liegt inmitten der endlosen Sandflächen der Mondsichelsee (Yueya Quan), der wie durch ein Wunder nicht austrocknet.

DAS ALTE TOR NACH WESTEN

Von Dunhuang aus kann man zu einer interessanten Rundfahrt mit einem gecharterten Fahrzeug starten (rund 450 Yuan). Während des Trips durch eine trostlose Einöde passiert man vereinzelte Ruinen der Großen Mauer, die in der Han-Zeit bis hierher reichte. Nach etwa 60 Kilometern erreicht man die Reste der Speichermauer von Dafangpan; in der Han-Zeit war der Ort ein großer Getreidespeicher, von dem aus die Grenzsoldaten und Gesandten mit Korn versorgt wurden. 20 Kilometer weiter liegt eine mächtige Ruine mit zehn Meter hohen Mauern: Yumen Guan. Wer diesen Ort, das eigentliche Tor Richtung Westen nach Hami und Turfan, im Altertum passierte, betrat eine unbekannte, weite und lebensfeindliche Welt. Den Namen Jadetor-Pass (Yumen Guan) erhielt der Ort, weil aus dem Westen viel Jade nach China transportiert wurde. Vorbei an einem Signalturm kann man von hier aus nach Yang Guan weiterfahren. In einem Abstand von wenigen Kilometern stehen diese Signaltürme entlang der gesamten Seidenstraße, so konnten mittels Rauchzeichen Nachrichten schnell übermittelt werden.

WEITERE INFORMATIONEN

www.dunhuangtour.com,
www.mogaoku.net (Chinesisch)

Das im afghanischen Stil erbaute Emin-Minarett (Mitte) von Turfan ist ein untrügliches Zeichen, dass man sich im fernen Westen befindet, wo auch die Ruinen des alten Königreichs Gaochang (unten) liegen. In den Flammenden Bergen (rechts unten) sind die Bezeklik-Grotten versteckt. Plausch im Traubenhain (rechts oben).

21 Turfan

Schmelztiegel der Kulturen

Flirrende Hitze, 50 Grad Celsius im Schatten, vielleicht auch die eine oder andere Fata Morgana erwarten den Reisenden, der es im Hochsommer bis zum zweittiefsten Punkt der Erde, der Turfan-Senke, schafft. Grimmige Kälte dagegen trifft jene Hartgesottenen, die sich im Winter hierher wagen. Keine Gründe, Turfan links liegen zu lassen. Es gibt hier einige überaus sehenswerte Kulturdenkmäler.

Das bis zu 154 Meter unter dem Meeresspiegel liegende Turfan war eine wichtige Station auf der alten Seidenstraße und das erste weiträumige, fruchtbare Territorium, das man erreichte, wenn man von Dunhuang aus die Südwestausläufer der Wüste Gobi durchquerte. Als Durchgangsstation verschiedener Kulturen nahm die Oase chinesische, indische und persische Elemente auf. Sie wurde ein Zentrum des Buddhismus, beherbergte aber auch Kommunen von Manichäern, die einer Mischlehre von griechischem, christlichem und anderem Gedankengut anhingen, sowie nestorianische Christen. Mit der Dominanz der Uiguren über das Tarim-Becken hielt ab dem 9. Jahrhundert auch der Islam Einzug und blieb bis heute die vorherrschende Religion. Das markante, bauchige Emin-Minarett ist auch das Wahrzeichen der Stadt.

Lebenselixier Wasser

Ein 2000 Jahre altes Kanalsystem, auch Karez- oder Foggara-System genannt, mit einer Gesamtlänge von nahezu 2000 Kilometern bewässert die etwa 10 300 Quadratkilometer große Oase bis zum heutigen Tag. Schmelz- und Quellwasser vom Fuß des Tian Shan werden über ein Kanal- und Brunnensystem nach Turfan geleitet. Überall wurden unterirdische Wasserspeicher angelegt, um einen gleichmäßigen Zufluss des Wassers zu gewährleisten; die vielen Kieshaufen, die in der Landschaft zu sehen sind, sind der Aushub dieser Speicher. So konnte sich die Oase schon in früher Zeit zum größten landwirtschaftlich genutzten Gebiet des Tarim-Beckens entwickeln.

Alte Ruinenstädte

Zehn Kilometer westlich von Turfan liegt der in der Han-Zeit gegründete und längst verlassene Ort Jiaohe (Yarkhoto). Erst 60 vor Christus war es den Chinesen gelungen, die gesamte Turfan-Oase, ein bis dahin unabhängiges Fürstentum, unter ihre Herrschaft zu bringen. Zwischen dem 5. und 6. Jahrhundert entwi-

ckelte sich die Garnisonstadt, die sich in ein Wohn- und Verwaltungsquartier aufteilte, zu der noch heute erkennbaren Größe. Im 13. Jahrhundert wurde sie von Dschinghis Khans Heeren vollständig zerstört – übrig blieb einzig das noch heute zu sehende Ruinenfeld auf einem hohen Plateau zwischen zwei Flusstälern.
Juqu, Nachkommen der Hunnen, errichteten das erste Königreich Gaochang (442–446). Danach wurde das kleine Königreich meist von Han-Chinesen beherrscht. Die Stadt Gaochang, etwa 40 Kilometer südöstlich von Turfan, wurde vermutlich unter dem Han-Kaiser Wudi nach dem Vorbild der Hauptstadt Chang'an gegründet. Die aus Stampflehm und Lehmziegeln errichtete und von einer sechs Kilometer langen Mauer umgebene Wüstenstadt hatte zwischen dem 7. und 9. Jahrhundert ihre Blütezeit. Die Vorfahren der heutigen Uiguren, die Huihe, machten Mitte des 9. Jahrhunderts Gaochang zur Hauptstadt ihres Reichs Khocho. Im Lauf der Kriege des 17. Jahrhunderts besiegelte die Zerstörung großer Teile der Bewässerungsanlagen schließlich den Untergang der Stadt.

Buddhistische Grotten von Bezeklik

Wegen ihrer reizvollen Lage, in erster Linie aber wegen ihrer Wandmalereien aus der Tang-Zeit (618–907) sehenswert sind die buddhistischen Grotten von Bezeklik, zehn Kilometer nördlich von Gaochang gelegen. Die leider nicht mehr allzu gut erhaltenen Malereien dokumentieren eine Mischkultur mit buddhistischen und manichäischen Elementen, daneben befinden sich uigurische und chinesische Inschriften sowie Steine mit Inschriften in Sanskrit oder der Brahmi-Schrift. Wie auch die Mogao-Grotten bei Dunhuang wurden viele dieser Grotten oft von reichen Kaufleuten gestiftet, die sich dadurch eine bessere Wiedergeburt erhofften.

AUSFLUG INS TRAUBENTAL

Dank seines raffinierten Bewässerungssystems entwickelte Turfan sich schon in früher Zeit zum größten landwirtschaftlich genutzten Gebiet des Tarim-Beckens. Rebstöcke werden hier in zahllosen Sorten kultiviert. Sogar trinkbarer Wein wird gekeltert! In den allgegenwärtigen Lehmhütten mit fensterartigen Löchern trocknen die Weintrauben in etwa 30 Tagen zu Rosinen. Etwas nördlich von Turfan erstreckt sich am Westrand der Flammenden Berge das sogenannte Traubental (60 Yuan). Von Mitte Juli bis September, wenn die Weinreben voller Trauben hängen (die man sich nur gegen Bezahlung in den Mund stecken darf), präsentiert sich die wunderbare Obstkultur als Oase inmitten einer eintönigen Wüste. Im Eintrittspreis ist eine uigurische Tanzvorführung und der Besuch in einem Museum enthalten. Der Abstecher hierher lässt sich in eine Minibus-Tour integrieren oder per Fahrrad unternehmen.

WEITERE INFORMATIONEN

www.tlf.gov.cn (auf Chinesisch)

Der Osten ist für seine Teeplantagen (oben) und die klassischen Gärten wie den Garten des Meisters der Netze in Suzhou (Mitte) berühmt. Bietet Shanghai (unten) pralles Großstadtleben, so wartet der Tai Shan mit dem Tempel der Prinzessin der Azurblauen Wolke auf dem Gipfel (rechts) mit Natur und Kultur auf.

Der Osten

Blick auf die koloniale Altstadt von Qingdao und die Qingdao-Bucht (Mitte) und das Wahrzeichen der Neustadt (unten). Qingdao hat neben dem daoistischen heiligen Berg Laoshan (ganz rechts oben) nicht nur Natur, sondern auch zahlreiche Sandstrände am Ufer des Gelben Meeres zu bieten (oben rechts).

22 Qingdao

Deutsches Erbe in Fernost

So etwas gibt es in China für deutsche Reisende nur selten: Man kommt an und fühlt sich gleich wie zu Hause. Genau diese Empfindung wird in Qingdao geweckt, der so ganz »unchinesischen«, auf Hügeln gebauten Stadt. Die Straßen passen sich der aufsteigenden und abfallenden Geländeform an und bieten durch ihren Richtungswechsel ständig neue, interessante Perspektiven.

Die heutige Millionenstadt Qingdao, einer der größten Häfen Chinas und Standort vieler Industrien, war ein kleines Fischerdorf außerhalb der Interessenssphären der Russen, Japaner und Briten, als es 1898 den Deutschen in die Hände fiel. Als am 1. November 1897 zwei deutsche Missionare der Steyler-Mission ermordet wurden, besetzten die Deutschen die Bucht von Jiaozhou kampflos und ließen sich den Ort als »Sühneopfer« für 99 Jahre zuschreiben, um hier einen Flottenstützpunkt einzurichten.

Musterländle und Urlaubsort

Um keine Kompromisse bei der Bebauung eingehen zu müssen, kaufte das deutsche Gouvernement kurzerhand alle auf dem geplanten Stadtareal liegenden chinesischen Dörfer auf und trug sie ab. Ein mit deutscher Gradlinigkeit entworfener Bebauungsplan und eine kompromisslose Baupolitik, die sich dabei durchaus auch an chinesischen Eigenheiten und Besonderheiten orientierte, schoben jeglicher Spekulation, die in anderen Städten oft chaotische Strukturen schuf, den Riegel vor. Wie auf dem Reißbrett entworfen, wurden ein Europäer-, ein Villenviertel, eine chinesische Händler- und Geschäftsstadt sowie zwei Arbeiterviertel geschaffen.

In kürzester Zeit hatten die deutschen Kolonialisten ein sauberes und ordentliches »Musterländle« errichtet. Unter den Ausländern in China kursierte bald die Meinung, dass »Tsingtau die gesündeste Stadt Asiens und ein bezaubernder Urlaubsort sei«. Die heutige Stadtregierung versucht, manchmal eigenwillig interpretiert, an der Tradition der deutschen Bauordnung festzuhalten – so ist das architektonische Stadtbild die eigentliche Sehenswürdigkeit von Qingdao. Schön ist aber auch die Lage am Meer. An der südlichen Stadtgrenze sind einige gepflegte Strände, und die Uferpromenade besitzt eine Seebrücke nach Usedomer Vorbild. Ihr Name allerdings ist sehr chinesisch: Pavillon der Zurückkehrenden Wogen.

Kirchen, Klöster und ein Tintenfass

Viele historische Bauwerke der Stadt stehen unter Denkmalschutz. Darunter das 1899 errichtete Gebäude der Steyler-Mission, das genau an der Schnittstelle von Europäerviertel und chinesischem Händlerviertel lag. Gegenüber dem in seinem verwaschenen Gelb recht düster wirkenden alten Heilig-Geist-Kloster aus dem Jahr 1901 erhebt sich die noch heute das Zentrum auf eigenwillige Weise prägende St.-Michaels-Kathedrale, deren Bau erst 1934, nach der Besetzung der Stadt durch die Japaner, vollendet werden konnte.
Die Mitte des europäischen Viertels wird noch immer vom mächtigen, 1906 fertiggestellten Rathaus beherrscht. »Tintenfass« wurde das mit Granitquadern verblendete Amtsgebäude des deutschen Gouvernements von Jiaozhou im Volksmund genannt. 1989 demonstrierte der chinesische Magistrat, als ein Erweiterungsbau notwendig wurde, dass Modernisierung nicht immer nur Abriss bedeuten muss: Die Architekten verdoppelten das Rathaus, indem sie den Altbau an seiner Nordseite ganz einfach »spiegelten«.
Nicht weit von hier steht die evangelische Christuskirche. Entworfen wurde sie von dem berühmten Architekten Curt Rothkegel, der zwischen 1903 und 1929 in ganz China zahlreiche Gebäude erbaute. Er verband Formen des Historismus mit denen des Jugendstils und verlieh dieser Kirche mit ihren rauen, wulstigen Gesimsen den Eindruck einer klobigen Festung. Das vielleicht berühmteste, auf jeden Fall aber spektakulärste Gebäude der wilhelminischen Kolonialisten ist am Südhang des Diederichsbergs zu besichtigen, das spektakuläre Wohnhaus des ehemaligen Gouverneurs; es dient heute als Museum.

Biermarke mit Tradition

Lohnend ist auch ein Besuch der Tsingtau-Brauerei, Chinas berühmtester Brauerei. 2400 deutsche Soldaten in Qingdao, das versprach ein gutes Geschäft. Eine deutsch-englische Gesellschaft, die in Shanghai bereits die Victoria-Brauerei betrieb, ließ die Brauerei 1904 in der Hauptmann-Müller-Straße errichten (heute die Dengzhou Lu). Schon zwei Jahre später wurde das Tsingtao Beer auf der Münchner Braueereiausstellung mit einer Goldmedaille ausgezeichnet. Bis heute gilt das Tsingtao Beer als eines der besten Biere Asiens. Die alte Brauerei dient heute als Museum.

AUF DER SUCHE NACH UNSTERBLICHKEIT

Bis zu 1100 Meter hoch sind die Berge des Lao Shan, die 30 Kilometer östlich von Qingdao bis ans Meer ragen. Wanderwege führen an bizarren Felsformationen vorbei, durch tiefe Schluchten mit üppiger Vegetation und Wasserfällen hinauf zu den Gipfeln der Bergregion. Berühmt ist der Lao Shan für seine Quellen, aus denen die Tsingtau-Brauerei das Wasser für ihr Bier bezieht. Genauso beliebt ist auch das in ganz China bekannte Lao-Shan-Mineralwasser, dessen Genuss ein wenig zur Verwirklichung der eigenen Unsterblichkeit beitragen soll.
Qin Shi Huangdi, Chinas erster Kaiser, soll von hier Gesandte auf die Suche nach der sagenhaften Insel der Unsterblichen ausgeschickt haben, um von dort das Elixier der Unsterblichkeit zu bekommen. Da die Suche nach diesem Wundertrank Aufgabe der Daoisten war, entstanden schon bald erste Tempel an den Berghängen. Der größte Tempel der Region mit mehr als hundert Gebäuden ist der Taiqing Gong aus der Song-Zeit. Hier wurden daoistische Rituale zur Errettung der toten Seelen gefeiert.

WEITERE INFORMATIONEN

www.thatsqingdao.com,
www.qingdaonese.com,
www.qdlaoshan.cn

Vom Sonnenschein-Gipfel bietet sich der beste Ausblick auf den Sonnenaufgang (Mitte). Endlos ziehen sich die Treppen der 18 Windungen den Berg hinauf (unten). Lang und schweißtreibend sind die 6000 Stufen (rechts oben) zum Tempel des Jadekaisers auf dem Gipfel (rechts unten).

23 Tai Shan

Begegnung mit dem Himmel

Bevor Shandong sich zum Zentrum der chinesischen Zivilisation entwickelte, war die Region des Tai-Gebirges das Zentrum kaiserlich-himmlischer Ahnenverehrung und damit der Mittelpunkt der religiösen Macht. Nirgendwo war der Zugang zum Himmel unmittelbarer als auf dem Gipfel des mythischen Tai Shan, den man über viele Tausend Stufen des alten Pilgerweges besteigen kann.

Der Legende nach geht die Entstehung des Tai Shan unmittelbar auf die Gründung der Welt durch Pan Gu, den mythischen Urahn des Universums, zurück. Nach seinem Tod formten sich aus seinen Gliedmaßen Sonne, Mond und Sterne, aus den Adern bildeten sich die Flüsse, aus den Knochen die Gebirge und Landschaften, und sein Kopf verwandelte sich in den 1532 Meter hohen Tai Shan, der damit zum heiligsten aller heiligen Berge aufrückte. Dieser Bedeutung zollten die meisten chinesischen Kaiser Tribut, indem sie wenigstens einmal in ihrem Leben auf den Gipfel stiegen, um dem Himmel zu opfern.
Am konsequentesten nutzte der Han-Kaiser Wu, der von 141 bis 83 vor Christus regierte, die mit dem Berg verknüpfte Symbolik für seine Zwecke. Es gelang ihm, mit dem Opfer auf dem Tai Shan nicht nur die weltliche Macht zu festigen, sondern auch die religiöse an sich zu reißen, die vorher in den Händen von Priestern und von der Kaiserin gelegen hatte. Mit diesem Schachzug begründete er den allmächtigen Status des Kaisers als Sohn des Himmels und Herr des Kalenders. Seit diesem Zeitpunkt brauchte der Kaiser von China als alleiniger Lebensspender für das gesamte Territorium des Reiches seine Macht mit niemandem mehr zu teilen.

Der Tempel des Berggottes

Neben dem Kaiserpalast in Beijing und dem Konfuziustempel in Qufu ist die gewaltige Tempelanlage des Berggottes (Dai Miao) in Tai'an das bedeutendste Bauwerk der klassischen Architektur in China. Wann der Tempel gegründet wurde, ist unbekannt, aber mindestens seit 200 vor Christus sind hier die ersten Sakralbauten entstanden, deren Anzahl im Lauf der Jahrhunderte auf über 800 anwuchs. Einige Zypressen sollen sogar aus der Frühzeit stammen. Als Ausdruck der kaiserlichen Macht ist das Dach des Hauptgebäudes, die Halle der Himmlischen Gaben (Tiankuang Dian), mit Ziegeln in kaiserlichem Gelb gedeckt; in ihr opferten die Pilger vor Beginn des Auf-

stiegs dem Berggott. Hier ist der eigentliche Ausgangspunkt des Pilgertrecks und für Wanderer auf den Gipfel.

Treppe zum Himmel

Über 6000 Stufen führen durch eine herrliche Landschaft hinauf, anfangs noch sanft, auf dem letzten Drittel aber steil ansteigend und beschwerlich. Der erste Abschnitt der Treppenflucht endet am Zweiten Himmlischen Tor, dem Zhongtian Men. Wen hier die Kräfte verlassen, der kann in die Seilbahn umsteigen, allerdings bringt man sich dann um ein unvergleichliches Stück alten Pilgererlebens. Hinter dem Tor beginnt der steilste, kräftezehrende Wegabschnitt. Man sollte diesen imposanten Steig ehrfürchtig auf sich wirken lassen. Fast in der Falllinie steigen die Stufen zum Tor des Südlichen Himmels (Nantian Men) hinauf. Immer wieder bieten Pavillons Ruhepunkte, von denen man, um Atem ringend, fantastische Ausblicke auf das Bergpanorama genießt.

Noch anstrengender ist das Wegstück, das hinter dem großen Felsen »Zehntausend Fuß hohe Stele« beginnt. Es wird euphemistisch Treppe der 18 Windungen genannt. In Wahrheit handelt es sich dabei um 1200 äußerst steil ansteigende Treppenstufen. Das Tor des Südlichen Himmels will und will nicht näher kommen, aber wer es endlich erreicht, soll angeblich unsterblich werden. Noch ist das Ziel aber nicht ganz erreicht. Ein vergleichsweise sanft ansteigender Pfad führt zum Tempel der Prinzessin der Azurblauen Wolke (Bixia Ci), den vor allem die Großmütter in spe ansteuern, um dort für erhoffte Enkelkinder zu opfern.
Ziel der Pilger ist der Tempel des Jadekaisers (Yuhuang Dian), der dem höchsten Gott des daoistischen Pantheons geweiht ist. Vor dem Tempel steht die Stele ohne Inschrift. Sie wird auf die Bergbesteigung durch Kaiser Wu zurückgeführt, ein so bedeutsames Ereignis, dass es nicht in Worte zu fassen war.

ALTERNATIVROUTEN AUF DEN BERG

Vom Fuß bis zum Gipfel des Tai Shan sind es ungefähr acht Kilometer. Zwei gebührenpflichtige Hauptwege führen vom Zweiten Himmlischen Tor den Berg hinauf (Eintritt 125 Yuan): die große historische Ostroute und eine ruhigere, landschaftlich ansprechendere Westroute. Vier bis fünf Stunden dauert der Aufstieg über die Ostroute, für den Rückweg benötigt man zwei bis drei Stunden. Viel schöner ist es allerdings, auf dem Gipfel zu übernachten, z.B. im Shenqi Hotel (10 Tian Jie, Tel. 0538-822 38 66, DZ ab 680 Yuan), und am nächsten Tag über die Westroute abzusteigen. Die etwas längere Strecke entschädigt mit unvergleichlich schönen Aussichten. Sie beginnt am Zhongtianmen, windet sich in Schleifen den Berg hinab und stößt an dessen Fuß wieder auf den Hauptweg. Eine dritte, von Touristen wenig benutzte Alternative bietet der Tianzhu-Gipfelweg, der über die Rückseite des Tai Shan durch den Tianzhu-Gipfelpark in etwa 2 Stunden (Aufstieg 4 Std.) hinunter zu einem Parkplatz führt. Von hier fährt ein Bus in 45 Minuten zurück zum Bahnhof von Tai'an.

WEITERE INFORMATIONEN

www.mount-tai.com.cn

Der Konfuziustempel in Qufu ist der größte seiner Art in China. Viele Hallen muss man passieren, bis man die gewaltige Haupthalle (Mitte) des großen Philosophen Konfuzius (unten) erreicht. Im Wald der Familie Kong wurden alle Nachkommen begraben (rechts unten). Stelen im Menzius-Tempel (rechts oben).

24 Qufu

Geburtsort des Konfuzianismus

Die Provinz Shandong ist die Heimat des die gesamte chinesische Geisteswelt prägenden Mannes: des großen Philosophen Konfuzius. Seine Lehren befruchteten die östliche Welt in ähnlicher Weise wie das Christentum das Abendland. Dementsprechend gehört der ihm zu Ehren errichtete Konfuziustempel in seiner Heimatstadt Qufu zu den bedeutendsten Kulturdenkmälern Chinas.

In Qufu, das bis 249 vor Christus 800 Jahre lang die Hauptstadt des Königreichs Lu war, wurde Konfuzius (551–479 v. Chr.) in eine Schwellenzeit hineingeboren, die gekennzeichnet ist durch den Übergang von einer naturmagisch gebundenen Religiosität hin zur Rationalität. Die ursprünglich die Gesellschaft zusammenhaltenden Werte hatten an Bedeutung verloren und zu nahezu 500 Jahre währenden Bürgerkriegen geführt. Folgerichtig suchte Konfuzius nach einem Weg, um die verfallene soziale Ordnung wieder herzustellen. In seiner Weisheitslehre zeigte er den Weg auf, das Verhältnis zwischen den Menschen ein für alle Mal zu stabilisieren. Dazu musste das »Ich«-Denken ausgeschaltet und durch eine interpersonelle, stark hierarchische Ordnung ersetzt werden. Mit der Verbreitung und Festigung des Konfuzianismus wurde die Vorstellung des Individualismus und des mit ihm verbundenen Chaos jedem Chinesen zutiefst zuwider. Die Ordnung der Welt kann nur aufrechterhalten werden, wenn jeder den ihm zukommenden gesellschaftlichen Platz einnimmt.

Der Ordnungsgedanke manifestierte sich auch in der Stadtarchitektur von Qufu, das damit zum Vorbild für die Gestaltung aller späteren Hauptstädte Chinas werden sollte: Königspalast, Stadttore, Wachtürme und Erdaltar waren entlang einer zentralen Achse ausgerichtet.

Der Konfuziustempel

Von der alten Stadtstruktur ist nicht mehr viel übrig geblieben. Aber die riesige Anlage des Konfuziustempels, die in ihrer kulturhistorischen Bedeutung nur noch vom Kaiserpalast in Peking übertroffen wird, liefert ein beredtes Beispiel für die eminente Bedeutung des Konfuzianismus in China. 478 vor Christus, im zweiten Jahr nach dem Tod des Konfuzius, wurde an der Stelle, wo der Meister wohnte und seine Schüler um sich versammelte, eine erste kleine Gedenk- und Kultstätte eingerichtet, die in der Westlichen Han-Zeit mehrfach umgebaut und erweitert werden sollte. Mit der wach-

senden Bedeutung des Konfuzianismus als Staatsphilosophie nahm der Tempel immer größere Dimensionen an. Die heutigen Gebäude stammen zum größten Teil aus dem 18. Jahrhundert. Der Grundriss orientiert sich am klassischen Muster der Kaiserpaläste und richtet die neun Höfe mit den zahlreichen Hallen und Pavillons symmetrisch entlang einer Nord-Süd-Achse aus.

Residenz der Familie Kong

Gleich neben dem Tempel befindet sich die ehemalige Residenz der Familie des Kong Fu Zi, so der ursprüngliche Name des Konfuzius. Mit seinen 463 Räumen spiegelt der Wohnsitz die Macht und den Einfluss der späteren Kong-Generationen wider. 77 Generationen in gerader Linie sollen hier über einen Zeitraum von 2500 Jahren gelebt haben. So viel Kontinuität wurde mit dem Ehrentitel »die Erste Familie unter dem Himmel« belohnt. Kaum ein Kaiser ließ es sich nehmen, Konfuzius und seine Familie mit immer neuen Titeln zu überhäufen; wollte man den letzten Nachkommen mit all seinen Titeln anreden, würden Jahre vergehen. Der Letzte, der einen Titel verlieh, war Chiang Kai-shek: der taiwanesische Präsident verlieh dem Nachkommen der 77 Generationen, Kong Decheng, den Titel »Staatslehrer der Opfer für den Erhabenen Weisen und Ersten Lehrer«.

Familienfriedhof

Zwei Kilometer außerhalb von Qufu kann man den Friedhof der Familie Kong besuchen. In dem von einer zehn Kilometer langen Mauer umschlossenen Waldgebiet befinden sich ausschließlich die Gräber der Kongs, geschmückt mit Statuen, Pavillons und Stelen. Bis heute wird der Friedhof von den Nachkommen der Familie genutzt. Links vom Eingang in den Wald führt der Weg zu dem eher unscheinbaren Grab des Konfuzius, einem von einer Mauer umgebenen Erdhügel. Östlich davon ist das Grab seines Sohnes, vor diesem das Grab seines Enkels.

NOCH EIN GROSSER PHILOSOPH

Menzius (Mengzi, 372–289 v.Chr.) war der erste große konfuzianische Philosoph, der die Thesen von Konfuzius weiter entwickelte. Seine Gedanken kamen im sogenannten Neokonfuzianismus der Song-Zeit zum Tragen und sollten sich als orthodoxe Lehrmeinungen ab der Ming-Zeit durchsetzen. Mengzi dachte wesentlich systematischer als Konfuzius. Gesellschaftlichen Zusammenhalt bot seine Vorstellung von der Kindespietät, dem absoluten Gehorsam gegenüber den Eltern. Er postulierte aber auch das Recht zur Gehorsamsverweigerung gegenüber einer Führung, wenn diese ihren Aufgaben moralisch nicht gerecht werde.
Mengzi wurde 25 Kilometer südlich von Qufu in Zoucheng geboren, wo der große, in der Song-Zeit erbaute Menzius-Tempel zu besichtigen ist, ein echtes Meisterwerk der Architekturgeschichte, weiters seine Residenz und den Menzius-Wald mit den Gräbern seiner Nachkommen. Die Stippvisite lässt sich gut von Qufu aus als Tagesausflug (Busse fahren alle 10 Minuten vom Busbahnhof) organisieren.

WEITERE INFORMATIONEN

www.qufu.gov.cn (nur auf Chinesisch), www.travelchinaguide.com/cityguides/shandong/qufu/

Die Skyline des Stadtteils Pudong vom Bund aus gesehen (Mitte). Die alte Chinesenstadt ist auch beliebtes Ziel chinesischer Touristen (unten). Der abends bunt erleuchtete Jing'an-Tempel steht im Zentrum eines der belebtesten und schicksten Einkaufsviertel Shanghais (rechts).

25 Shanghai

Stadt der Zukunft

Shanghai ist cool, aufregend, anstrengend. Die Metropole am Ufer des Huangpu ist Chinas absolute Trendsetterin in Sachen Mode und Lifestyle. Die Stadt besticht nicht unbedingt durch Charme, dessen ungeachtet bezieht sie ihr Selbstbewusstsein aus einer bewegten Geschichte. Vor allem aber hat der »Kopf des Drachen« eine Aufgabe: das Reich der Mitte zukunftsfähig zu machen.

Seit über hundert Jahren erscheint Shanghai als ein gigantisches kosmopolitisches Experimentierfeld. Wie viel Veränderung kann man Menschen zumuten? Wie schnell lässt sich Veränderung durchführen? Was ist an Zukunft schon jetzt machbar? Das Ergebnis sind immer höhere Gebäude, das aufregendste Nachtleben, die schnellsten Verkehrsmittel. Die wichtigsten internationalen Investoren drängen hier auf den Markt. Und mit der EXPO im Jahr 2010 hat man auch noch versucht, die Olympischen Spiele in Peking an Aufwand und Größe zu übertrumpfen.
Eigentlich beabsichtigten die Engländer mit dem Ersten Opiumkrieg die Abtretung von Shanghai. Stattdessen mussten sie sich mit Hongkong begnügen. Damit ließ es sich auch leben. In Shanghai regierten sie zusammen mit Amerikanern und Franzosen und ab 1895 auch mit den Japanern zusammen »ihre« Stadt, 1899 erreichten die ausländischen Konzessionen schließlich ihre größte Ausdehnung. Dabei waren die Franzosen bereits 1862 aus der gemeinsamen Verwaltung ausgeschert und regierten ihre Konzessionsgebiete alleine. Dieser Alleingang ist bis heute dem Stadtbild eingeschrieben: An der unsichtbaren Grenze zur internationalen Konzession änderten sich unter anderem die Spurbreite der Straßenbahn, die Stromspannung und die Straßenführungen.

Kulturhauptstadt im Reich der Mitte

Das einstige Fischerdorf Shanghai war zu Beginn des 19. Jahrhunderts das größte kommerzielle Zentrum im Einzugsgebiet des unteren Yangzi. Doch ab 1843 begann Shanghai, sich zu etwas Neuem, in der Geschichte des Landes noch nie Dagewesenem zu entwickeln. Die Ungerechtigkeit des Opiumkrieges hatte ein urbanes Gebilde geschaffen, das den Chinesen täglich die Schmach ihrer Niederlage vor Augen führte. Zugleich eröffneten der Vertrag von Nanjing und die Exterritorialrechte ein Forum, wo politische Meinungsvielfalt

中山北路
北京西路
Beijing Rd (W)
延安西路
陕西北路
Shaanxi Rd (N)
南京西路
1688
1717
1649
协 和 城
CONCORD CITY
久 光 百 货
ONGOING DEPARTMENT STORE
上 海 商 城
SHANGHAI MARKET

Eine Zickzack-Brücke im Zentrum der alten Chinesenstadt führt zum alten Teehaus im Herzen des Sees (oben). Das moderne Shanghai prunkt mit neuen Bauten wie dem Oriental Sports Center (Mitte) oder dem futuristischen Ei von Wujiaochang (unten), Shopping Mall und überdachte Kreuzung in einem.

möglich war, wo neue revolutionäre Ideen sich entwickeln konnten, ohne von den chinesischen Behörden zensiert zu werden.
Diese einzigartige Situation verhalf der Stadt zu einer kulturellen Blüte, die schließlich die Geschicke des gesamten Landes mitbestimmen sollten. In den Zwanziger- und Dreißigerjahren des 20. Jahrhunderts war Shanghai das kulturelle Zentrum Chinas schlechthin. Neue Ideen fanden hier Einlass. Fast alle Entwicklungen und Neuerungen in der kulturellen und politischen Szene Chinas nahmen hier ihren Ursprung. Ein wenig versucht das heutige Shanghai an dieses Erbe anzuknüpfen. Sichtbarer Ausdruck dafür sind das Grand Theatre auf dem Volksplatz im Zentrum, der phänomenale Glaspalast des Oriental Art Center in Pudong und das Künstlerviertel M50. Gleichwohl hat es die Kultur in einer Umgebung, die ganz dem Mammon verfallen ist, sehr schwer, sich Aufmerksamkeit zu verschaffen.

Das Gesicht der Stadt

Der Bund, die breite Uferpromenade des Huangpu vom Suzhou-Kanal im Norden bis zur Altstadt im Süden, ist der Stolz und heimliche Mittelpunkt Shanghais. Selten findet man in einer chinesischen Stadt so viel Freiraum, der zudem noch einen Blick in die Seele der Stadt eröffnet. Denn die Seele Shanghais, das sind Geschäftsmäßigkeit, Wohlstand und berstender Stolz, allgegenwärtig spürbar im Stadtteil Huangpu, im alten Central District der Briten und Amerikaner mit seinen schachbrettförmig angelegten Straßenschluchten. War das prachtvolle architektonische Erbe der Kolonialzeit zwischen 1949 und 1992 als kapitalistisch und imperialistisch verdammt worden, hat man die Vergangenheit im 21. Jahrhundert als gewinnträchtiges Kapital für eine prestigeträchtige Vermarktung Shanghais entdeckt.
Am Bund endet Shanghais berühmteste Straße, die Nanjing East Road (Nanjing Donglu). 1992 bestand ihr Verlauf im Wesentlichen aus windschiefen, dreistöckigen Fachwerkhäusern, in deren Erdgeschossen Geschäfte eingerichtet waren. Das war seit jeher typisch für diese Stadt, dass jeder nutzbare Raum auf Straßenhöhe für kommerzielle Zwecke Verwendung fand, und sei es als Bauchladen. Dem anfangs chaotischen Neuaufbau, dem so gut wie alle historischen Gebäude zum Opfer fielen, folgte im Jahr 2000 endlich ein städtebauliches Konzept nach Plänen des französischen Architekten Jean Marie Charpentier, der die Nanjing Donglu zu einer Fußgängerzone umwidmete und die wenigen verbliebenen alten Kaufhäuser, die sogenannten Großen Vier, als markanten Blickfang zwischen die modernen Einkaufszentren platzierte.

Wo Shanghai noch chinesisch ist

Durch die Zusammenlegung der Stadtteile Huangpu und Nanshi, der ehemaligen chinesischen Altstadt, ist der nunmehr vergrößerte Stadtteil Huangpu zum offiziell am dichtesten besiedelten Stadtraum der Welt geworden. Wer sich einmal an einem Feiertag in den Norden der Altstadt in den Yu-Garten-Basar (Yuyuan Shangcheng) wagt, der wird am eigenen Leibe erfahren, was drangvolle Enge heißt. Unglaublich das Geschiebe aber auch an normalen

Wochentagen, wenn die herrlich verwinkelten Gassen gestopft voll von Einheimischen und Touristen sind. Einzigartig ist auch die Akustik des Viertels: Die engen Gassen sind erfüllt vom Geschrei der Händler und dem Geplärre von Lautsprechern aus den Geschäften. Inmitten des Basarviertels bietet der zwei Hektar große Yu-Garten eine Insel, die ein Stück klassisches China inmitten der modernsten Stadt des Landes konserviert. Es war einst das Privileg der reichen Mandarine und Kaufleute, sich solche kostspieligen Gärten anzulegen. Wachsende Grundstückspreise ab dem 14. Jahrhundert und nicht zuletzt das knappe Bauland in den Städten führten dazu, dass sich Privatgärten wie der Yu-Garten meist nur über wenige Hektar erstreckten. Dank einer raffinierten Gestaltung vermitteln diese Gärten dennoch den Anschein von Weitläufigkeit und Größe, die wiederum das Ansehen ihrer Besitzer spiegelte.

Shoppen, schauen, genießen

Luwan und Xuhui heißen die beiden reizvollen Stadtteile, die das Gebiet der alten französischen Konzession umfassen. Anders als im ganz vom Kommerz beherrschten, britisch-amerikanisch geprägten Central District, war die »concession française« eine Welt, in der man sich ganz dem Savoir-vivre hingab. Die Modernität Huangpus und Pudongs mag faszinieren, sie bleibt dennoch unpersönlich. Luwan und Xuhui dagegen sind selbst im schnelllebigen Shanghai noch immer Viertel zum Wohlfühlen. Sie geben dem Moloch ein menschliches Antlitz und bieten Rückzugsmöglichkeiten von der Hektik der restlichen Stadt. In den alten Villen der Reichen und Schönen gibt es heute einladende Cafés und stilvolle Lokale. Auch wenn die weltläufige Eleganz der Konzessionszeit verschwunden ist, dies ist das Shanghai, in das man sich regelrecht verlieben kann.

In der ehemaligen französischen Konzession, dem Stadtteil Luwan und Xuhui, stehen noch zahlreiche alte Häuser aus den 1920–1930er-Jahren (oben), und auch das Straßenleben spielt sich noch gemächlich mit Lastentaxis (Mitte), vor kleinen Imbissbuden (unten) und in gemütlichen Cafés (links) ab.

Shanghai liebt die große Show, sei es mit dem chinesischen Pavillon auf der EXPO (oben), dem spektakulären Atrium des Grand Hyatt (Mitte), den größten Shopping Malls (rechts oben) und den höchsten Wolkenkratzern (ganz rechts oben). Altehrwürdig geben sich der Bund (rechts unten) und die Fudan-Universität (unten).

In China heißt es im Volksmund »es gibt nichts, was die Kantonesen nicht essen und es gibt nichts, was die Shanghaier nicht tragen«. Und so ist die liebste Freizeitbeschäftigung der Shanghaier das abendliche Shoppen. Es wird ihnen leicht gemacht. Riesige Shopping Center mit zahllosen Boutiquen Etage für Etage finden sich an jeder Ecke. Die exklusivsten Boutiquen und die schicksten Einkaufszentren reihen sich entlang der Huaihai Zhonglu auf und in ihren Nebenstraßen. Gleich nebenan, in den Szenevierteln mit ihren Kneipen und Cafés, wird das neueste hippe Outfit zur Schau gestellt.

Stätten des Wissens

Christliche Missionare hatten in der Stadt der Glücksritter einen schweren Stand. Die Jesuiten wirkten am Stadtrand in Siccawei, dem heutigen Xujiahui, wo mit der alten Sternwarte, der Xujiahui-Kathedrale und der berühmten Biblioteca Zi-Ka-Wei Relikte ihres Wirkens zu bewundern sind. Einer ihrer raren chinesischen Konvertiten namens Ma Xiangbo (1840–1939) gründete 1905 die Fudan-Universität. Sie ist die zweite Universität Shanghais nach der 1896 von einem kaiserlichen Minister gegründeten Jiaotong-Universität. Nachdem die Stadt zur politischen Bühne Chinas avanciert war, folgte eine Reihe weiterer Universitätsgründungen. Schon 1907 rief der deutsche Arzt Erich Paulun die Shanghaier Deutsche Medizinschule ins Leben, die den Namen Tongji-Universität führte. Ziel der 1922 errichteten Shanghai-Universiät (Shangda) war die Ausbildung einer nationalistischen, marxistisch ausgerichteten Jugend. Zu ihren Absolventen zählen unter anderem Li Shouxun, der Vater des späteren Ministerpräsidenten Li Peng, und der spätere Staatspräsident Yang Shangkun. Die Shangda wurde allerdings bereits fünf Jahre nach ihrer Gründung geschlossen, erst 1958 erfolgte ihre Neukonstituierung.
Seit 1994 gehört sie wieder zu den großen Universitäten der Stadt, während die Fudan- und die Tongji-Universität zu den führenden Eliteuniversitäten Chinas aufgestiegen sind. Auch die alte Jiaotong-Universität gehört wieder zu den bedeutenden Hochschulen der Stadt.

Shanghai ganz neu

Für die Shanghaier ist die Seite jenseits des Huangpu eine eigene, fremde Welt. Man ist zwar stolz auf die himmelsstürmende Skyline Pudongs, aber die »echten« Shanghaier sind jene, die innerhalb des inneren Stadtrings auf der westli-

chen Seite des Flusses leben. Tatsächlich entführt die Spirale der schwindelerregenden Nanpu-Brücke hinüber nach Pudong in eine andere Welt. Das Finanzviertel Lujiazui hat eine der höchsten Wolkenkratzerdichten pro Quadratmeter weltweit. Die breiten Boulevards verlieren sich scheinbar am Horizont. Straßen, Wohnviertel und Parks sind neu, ja, fast ein wenig steril und noch immer auf der Suche nach einem eigenständigen Stil und Flair. Auch die EXPO konnte daran nichts ändern.

Anfangs stellten sich die meisten Shanghaier die bange Frage, ob die synthetische Wirtschaftssonderzone Pudong wirklich wie geplant binnen Kurzem eine herausragende Bedeutung gewinnen könne. Um optisch ein deutliches Signal für die Veränderung zu setzen, wurde 1992 mit dem Bau eines Fernsehturms begonnen. Das klobige und nicht wirklich schön zu nennende 468 Meter hohe Bauwerk wurde stolz auf den Namen »Perle des Orients« getauft und zum Wahrzeichen der Stadt erhoben. Verschlungen war das Schicksal des Shanghai World Financial Center. Es sollte Ausdruck dafür sein, dass der Macht des Geldes in China keine Grenzen gesetzt sind. Die Planung begann 1997. Korruptionsaffären, Fehlplanungen und finanzielle Engpässe führten dazu, dass die Baustelle fünf Jahre lang brach lag. Dann kam der schmerzende Nadelstich aus Taiwan, das in Taipeh ein 508 Meter hohes Finanzzentrum realisierte. 2004 wurden die Bauarbeiten am Shanghai WFC wieder aufgenommen. Vier Jahre später konnte das 492 Metern hohe und 101 Stockwerke umfassende Gebäude, das ein wenig an einen überdimensionalen Flaschenöffner erinnert, seiner Bestimmung übergeben werden.

SHANGHAI MIT STIL

Shanghai Mansion Hotel
Die 1932 erbaute Prachtvilla gehörte Du Yuesheng, dem berüchtigten Gangster. Heute kann man in den 30, im luxuriösen Stil der 1930er-Jahre eingerichteten Zimmern dem Flair der alten französischen Konzession nachspüren. 82 Xinle Lu, Xuhui; Metro: Linie 1, South Shaanxi Rd.; Tel. 021-54 03 98 88; www.chinamansionhotel.com.

M on the Bund
Hier schwelgt man an exklusiver Adresse in kulinarischen Genüssen aus Europa und Nordafrika und genießt dazu eine spektakuläre Aussicht über den Bund. Bund 5, 7F, Huangpu; Metro: Linie 2, 10, Nanjing East Rd.; Tel. 021-63 50 99 88; www.m-restaurantgroup.com; tgl. 11:30–14:30 und 18–22:30 Uhr.

Ambrosia
Das beste japanische Restaurant der Stadt in einer der schönsten alten Villen Shanghais bietet eine grandiose Auswahl an Speisen. 150 Fenyang Lu, Xuhui; Metro: Linie 1, 7, Changshu Lu; Tel. 021-64 31 39 35, www.bln.com.cn; Mo–Fr 17:30–23, Sa/So 11–14 und 17:30–23 Uhr.

WEITERE INFORMATIONEN

www.schanghai.com,
www.urbanatomy.com

Über 200 Jahre alt ist die blühende Magnolie im berühmten »Garten des Meisters der Fischernetze« (Mitte). Suzhou wird wegen seiner Kanäle, die von alten Häusern gesäumt werden (unten), auch »Venedig des Ostens« genannt. Pavillon im weitläufigen »Garten der Politik des einfachen Mannes« (rechts).

26 Suzhou

Stadt der Gärten

Was haben sich die Chinesen nicht alles einfallen lassen, diese Stadt in den Himmel zu loben: »Venedig des Ostens«, »Stadt der Gärten«, »Paradies auf Erden«. Der Grund für die Berühmtheit: Suzhou besitzt über 150 historische Gärten, von Mauern umgeben wie ein wohlgehüteter Schatz. Sie gelten als die schönsten Gärten Chinas und manche von ihnen sollen über tausend Jahre alt sein.

Stets konnte sich Suzhou den Wirren und Zerstörungen in der chinesischen Geschichte entziehen. Die konstante Entwicklung der Stadt nahm mit dem Bau des Kaiserkanals im 6. Jahrhundert ihren Anfang, bald avancierte sie zu einem bedeutenden Verwaltungs- und Handelszentrum. Einer der großen Reformer der Song-Dynastie, Fan Zhongyan (989–1052), stammte aus dem reichen Suzhou. Seine damals sehr moderne Vorstellung, dass das Horten von Reichtümern die Geldzirkulation blockiere und damit die Ausbeutung der Armen durch die Reichen ermögliche, resultierte aus seinen unmittelbaren Erfahrungen eines regen Waren- und Geldumlaufs in seiner Geburtsstadt. Auch erkannte er in Ansätzen, dass durch die Förderung von Produktion gleichzeitig der Lebensstandard jedes Einzelnen und vor allem die Einkünfte des Staates erhöht werden könnten. Seine Reformen verhalfen Suzhou zu wirtschaftlicher Blüte und enormem Reichtum, der wiederum bedeutende Künstler und Literaten anlockte, die hierorts kunstsinnige und prestigesüchtige Mäzene fanden.

Drei Arten von Gärten

Größte kulturelle Hinterlassenschaft des Reichtums sind zweifellos die exquisiten Privatgärten früherer Händler, Beamte und Mandarine, die nichts von ihrer einstigen Pracht verloren haben. Acht Gärten wurden 1997 in die Liste des UNESCO-Welterbes aufgenommen: vier, die als außergewöhnliche Beispiele klassischer chinesischer Gartenarchitektur gelten, und vier wegen ihrer Bedeutung im Rahmen der alten Stadtstruktur. Gärten spielen in China seit der Qin-Dynastie eine wichtige Rolle. Es gab damals einen regelrechten Gartenboom, der insbesondere die Städte Suzhou, Yangzhou und Hangzhou erfasste. Im Lauf der Jahrhunderte entwickelten sich drei spezifische Typen von Gärten. Am aufwendigsten und kostbarsten waren die oft riesigen Anlagen der kaiserlichen Gärten und Parks, deren Nutzung aus-

Der »Garten der Politik des einfachen Mannes«, einer der berühmtesten klassischen Gärten Chinas, bietet Gartengestaltung in Vollendung: mit Wandelgängen (oben), Empfangshallen (Mitte), Teichen (unten) und Steinformationen (rechts unten). Modern ist dagegen das Suzhou-Museum (rechts oben).

schließlich der Herrscherfamilie vorbehalten war. Deutlich kleiner, in ihrer spirituellen, intellektuellen und ästhetischen Konzeption aber ungemein konzentriert, waren die privaten Gärten, die auch »Literatengärten« genannt wurden, da sie in der Regel wohlhabenden Angehörigen der gebildeten Schicht gehörten. Sie schufen damit lebende Zeugnisse der chinesischen Gelehrtenkultur. Schließlich gab es noch besonders schöne Landschaften, die ihres pittoresken Aussehens wegen als Parkanlagen gepflegt wurden. Vor allem Klöster siedelten sich in diesen Gegenden an, da die Mönche auf diese Weise nicht eigens Erbauungsgärten anlegen mussten.

Natur philosophisch gesehen

Jeder der privaten Gärten von Suzhou wurde mit Bäumen, Felsen, einem Gewässer, Zickzackwegen, gewundenen Korridoren, Brücken, Torbogen, Kalligrafiesteinen und Pavillons bestückt und zu einem dreidimensionalen Gesamtkunstwerk zusammengefügt. Umgeben wird das artifizielle Naturgebilde von einer Mauer. Der private Garten sollte Einfachheit, Bedürfnislosigkeit, Pflichterfüllung und Redlichkeit reflektieren. Gleichzeitig war er Hort für ein reizvolles, glückliches und langes Leben.

Als gehegter Ort, an dem Leben und Arbeiten, Feiern und Meditieren gleichermaßen stattfand, waren die Gärten Stätten der Versenkung und der Beschaulichkeit. Hier herrschten ausbalancierte Vielfältigkeit, Rationalität und Harmonie in gleichen Waagschalen. Jedem Gestaltungselement kam dabei eine spezifische Bedeutung zu, um die Harmonie im Lauf der Welt nicht durcheinanderzubringen. Nichts war Zufall, denn einen solchen gab es nach herrschender konfuzianischer Lehre nicht. Tatsächlich bildet jeder Garten nicht die reale Natur ab, sondern ein im konfuzianischen und daoistischen Sinne ideales Abbild der Natur.

Das typische Element der Suzhouer Gärten sind die künstlichen Hügel aus Erde, Felsen oder Felsgruppen, die, in schier unerschöpflichen Variationen inszeniert, den Gärten ihren ureigensten Ausdruck verleihen. Nur der versierte Kenner kann die sinnfällige Anordnung aller Einzelteile interpretieren, das westliche Auge meint oft nur ein Durcheinander wahrzunehmen. Die Anlage der Gärten verhindert, dass sie von irgendeinem Punkt aus vollständig überblickt werden können. So glaubt der Betrachter selbst nach einem ausführlichen Rundgang nie, alles gesehen zu haben, stets bleibt ein Rest unbefriedigter Neugier.

Die Klassiker

Der vielleicht berühmteste Garten der Stadt ist der im 10. Jahrhundert angelegte Zhuozheng Yuan, der »Garten der Politik des einfachen Mannes«, benannt nach dem Ausspruch eines Eremiten namens Fan Yue: »Seinen Garten zu kultivieren, um glücklich zu sein, das ist die Politik des einfachen Mannes.« In der Mitte des mit vier Hektar größten Gartens der Stadt liegt als Ruhepol ein See. Alle Pavillons, Balustraden, Terrassen und Rotunden sind auf den See hin ausgerichtet. Die restlichen Gebäude sind in perspektivischem Wechsel mal hoch, mal niedrig angelegt und vermitteln das typische Bild des »Wasserlands« südlich des Yangzi.

Nicht weit entfernt vom Zhuozheng Yuan, ein Stück nach Süden an der Lindun Lu, liegt der »Löwenwald-Garten« (Shilin). Er wurde 1336 auf den Resten eines Song-zeitlichen Gartens angelegt und gehörte zu einem buddhistischen Tempel. Dessen Abt, Tian Ru, nannte den von den Mönchen zur Meditation angelegten Garten zu Ehren seines Lehrers Zhong Feng, der auf dem Löwenfels im Tianmu-Gebirge der Provinz Zhejiang gelebt haben soll, »Löwenwald-Garten«. Sein prägnantes Merkmal sind die bizarren, schroffen Taihu-Felsen, die hier in einer großen Variationsbreite zur Landschaftsszenerie formiert wurden.
Ein wenig verloren inmitten der modernisierten Stadt liegt der »Garten der Harmonie« (Yi Yuan). Er wurde 1880 als Residenz des Präfekten Gu Wenbin angelegt und ist der jüngste unter den Gärten von Suzhou. Der nur 5000 Quadratmeter große »Garten des Meisters der Netze« (Wangshi Yuan), einer der kleinsten Gärten, ist ein Meisterstück in seinem Anspielungsreichtum auf das Fischer-Motiv. Nicht allzu weit von hier breitet sich der um 1044 angelegte »Garten des Pavillons der Azurblauen Wolke« (Canglang Ting) aus, einer der ältesten Gärten Suzhous.

Der »Garten des Verweilens«

Im Nordwesten der Stadt, am Stadtrand in der Liuyuan Lu, befindet sich der »Garten des Verweilens« (Liu Yuan), der durch seine kunstvolle Bebauungsdichte charakterisiert ist. Ende des 16. Jahrhunderts ließ ein kaiserlicher Beamter in Richtung des alten Kaiserkanals diesen Park anlegen, der 1800 neugestaltet wurde. Er ist neben dem Zhuozheng Yuan hier in Suzhou, dem Sommerpalast in Beijing und der Sommerresidenz in Chengde einer der vier berühmtesten Gärten Chinas. Ursprünglich bildete der Liu Yuan mit dem gegenüberliegenden West-Garten (Xi Yuan) eine Einheit; dieser wurde im Jahr 1835 einem buddhistischen Kloster überlassen und erhielt den gestrengen Namen »Tempel des Verbots und der Disziplin«.

DAS MUSEUM VON SUZHOU

Der Großvater des amerikanisch-chinesischen Stararchitekten Ieoh Ming Pei war nicht nur ein Sohn Suzhous. Er war zwischen 1918 und 1926 auch Besitzer des »Löwenwald-Gartens«. Grund genug für die Stadtväter, den international berühmten Enkel mit dem Bau des Suzhouer Museums zu beauftragen. Die Architektur dieses überaus sehenswerten Museums umgreift die Anlage der benachbarten, nunmehr in den Museumskomplex integrierten Residenz von Prinz Zhong aus dem 19. Jahrhundert und transponiert den alten Baustil in eine ultramoderne Form. Im Neubau wird in 21 Ausstellungsräumen ein umfassender Überblick zur Kultur und Geschichte des unteren Yangzi-Gebiets gegeben. Zu bewundern gibt es Tempelschätze, Porzellan, Kunsthandwerk, Malerei, Grabfunde u.v.m. Ergänzend bietet die alte Prinzenresidenz einen Einblick in das Leben der alten Suzhouer Elite. Das Museum befindet sich in der 204 Dongbei Jie, www.szmuseum.com, Di–So 9–17 Uhr, Eintritt frei.

WEITERE INFORMATIONEN

www.suzhou.gov.cn, www.szszl.com (Löwenwald), www.szzzy.cn (Zhuozheng Yuan), www.szwsy.com (»Garten des Meisters der Netze«), www.gardenly.com (Garten des Verweilens)

Zickzack-Brücken, die zur Geisterabwehr dienen, führen über die ausgedehnten Teichlandschaften des »Gartens der Politik des einfachen Mannes«.

Seine Berühmtheit verdankt Hangzhou dem West-See (Mitte). In den Bergen dahinter sieht man alte Steinskulpturen wie den lachenden Dickbauch-Buddha (unten) beim Lingyin-Tempel. Im Museum für Chinesische Medizin (rechts). Der Mogan Shan wird von dichten Bambuswäldern bewachsen (rechts oben).

27 Hangzhou

Grüne Stadt am West-See

Marco Polo und auch sein Zeitgenosse, der Franziskanermönch Odorico de Pordenone, bezeichneten das von Tausenden von Brücken durchzogene Hangzhou als die schönste Stadt der Welt. Pater Pordenone zeigte sich vor allem beeindruckt, dass so viele Menschen friedlich zusammen wohnen konnten. Mythen halten sich hartnäckig: Jeder Chinese wird einen fragen, ob man auf seiner Reise schon Hangzhou besucht habe.

Die Region um Hangzhou war mit ihren fruchtbaren Böden schon früh ein Einwanderungsgebiet der Chinesen; einheimische Stämme wurden von ihnen verdrängt oder assimilierten sich. Der Landstrich entwickelte sich zu einem der wichtigsten Getreidelieferanten Chinas, sodass das Gebiet im 6. Jahrhundert als dessen südlicher Endpunkt an den Kaiserkanal angeschlossen wurde. Hangzhous politische Glanzzeit lag zwischen 1127 und 1279, als es zur Hauptstadt der südlichen Song-Dynastie auserkoren wurde.

Eine Hauptstadt neuen Typs

Der Song-Kaiser war vor dem Steppenvolk der Dschurdschen, das den gesamten Norden Chinas erobert hatte, nach Hangzhou, der neuen Hauptstadt, geflohen. Mit ihm strömten zahllose Flüchtlinge in die Stadt, deren Bevölkerung sich binnen kurzer Zeit auf fast eineinhalb Millionen Einwohner verdreifachte. Hangzhou nahm einen gewaltigen Aufschwung als Handelsstadt. Erstmals wurde eine Stadt nicht mehr in Viertel aufgeteilt, sondern mittels Straßennamen strukturiert. Die Sperrstunde wurde aufgehoben, und in den neu aufgekommenen Vergnügungsvierteln pulsierte das Leben bis zum Morgengrauen. Hangzhou wurde damit zum Vorreiter einer neuartigen Stadtkultur.

In den folgenden Jahrhunderten entwickelte sich Hangzhou zum Zentrum des Buchdrucks, der Baumwoll- und Seidenherstellung und konnte ähnliche Reichtümer anhäufen wie Suzhou. Das friedliche Leben fand allerdings 1861 sein jähes Ende, als die Stadt von den aufständischen Taiping-Rebellen belagert, eingenommen und fast vollständig verwüstet wurde. Fast fünf Jahrzehnte brauchte Hangzhou, um sich von den verheerenden Auswirkungen zu erholen und an seine alte Bedeutung als Wirtschaftsmetropole anzuknüpfen.

Alte Straßen und ein malerischer See

Hangzhou hat in seinem Zentrum einige sehenswerte, im alten chinesischen Stil wiederaufgebaute Straßen, die zu erkunden sich lohnt. Besonders schön gestaltet ist die Fußgängerzone Qing Hefang Lu, wo man unter anderem das in einer im Originalzustand erhaltenen historischen Apotheke eingerichtete Museum für Chinesische Medizin besuchen kann. Hauptattraktion ist aber der West-See, der als der schönste See Chinas gilt. Vor über 1000 Jahren ließen verschiedene Herrscher die Bucht des Qiantang-Flusses ausheben, so entstand der See, der mit zwei Dämmen, dem längeren Su- und kürzeren Bai-Damm, in drei verschiedene Bereiche aufgeteilt wurde. 1607 wurde in der Mitte des Sees die Insel im »Kleinen Ozean« aufgeschüttet, auf der ein chinesischer Garten vier kleine Seen mit Goldfischen und Lotosblumen umschließt. Die Umgebung ist mit Bergen, Wäldern und Parkanlagen ein fantastisches Wandergebiet.

Zwei bemerkenswerte Tempel

Am nördlichen Ufer des Sees steht ein im 13. Jahrhundert errichteter Tempel bei der Grabanlage des Generals Yue Fei, einer Symbolfigur des chinesischen Patriotismus. Als die Song-Herrscher vor den Dschurdschen nach Süden flohen, schlug Yue Fei mehrfach die Feinde zurück. Intrigen am Kaiserhof ließen ihn in Ungnade fallen, seine Hinrichtung war die Folge.

Vom Yue-Fei-Tempel aus führt die Straße in die Berge zum Kloster der Seelenzuflucht (Lingyin Si). Das Kloster, angeblich 326 von einem indischen Mönch gegründet, gilt als eines der berühmtesten Chinas. Dementsprechend stark ist auch der Besucherandrang. Im 10. Jahrhundert lebten 3000 Mönche in der damals einige Hundert Gebäude umfassenden Anlage. Das Kloster liegt am Fuß des 168 Meter Hohen »Herbeigeflogenen Gipfels«, in dessen Felshänge zwischen dem 10. und 12. Jahrhundert 380 Steinreliefs und buddhistische Skulpturen gemeißelt wurden.

SOMMERFRISCHE AUF DEM MOGAN SHAN

Von Hangzhou aus lassen sich viele reizvolle Gegenden aufsuchen. Am schnellsten zu erreichen und vielleicht sogar das schönste Ziel ist der eineinhalb Autostunden von Hangzhou entfernte Mogan Shan (www.mogan-mountain.com). Diese Sommerfrische 60 Kilometer nördlich von Hangzhou war im 19. und beginnenden 20. Jahrhundert wegen ihres angenehm kühlen Klimas ein beliebter Aufenthaltsort für die Shanghailänder. So nannten sich die westlichen Bewohner Shanghais, die im Hochsommer aus Hangzhou und Shanghai hierher in ihre Sommerhäuser flüchteten. Doch auch die chinesische Prominenz baute inmitten der grünen Bambuswälder ihre Villen – darunter Chiang Kai-shek und Du Yuesheng, der berüchtigte Chef der Grünen Bande, der die gesamte Unterwelt von Shanghai kontrollierte. Man vertrieb sich die Zeit auf dem Tennisplatz, beim Reiten oder Wandern, im Swimmingpool oder beim Baden in den klaren Seen. Viele der alten Villen sind heute schmucke Hotels, darunter die alte Villa Du Yueshengs (Radisson Du Yuesheng Villas, Mogan Shan 329, Tel. 0572-803 36 01, DZ ab 1100 Yuan).

WEITERE INFORMATIONEN

www.gotohz.com

28 Putuo Shan

Heiliger Berg der Guanyin

Die nur zwölf Quadratkilometer kleine Insel ist einer von Chinas vier heiligen buddhistischen Bergen. Von den Chinesen auch »Märchenhaftes Land der Unsterblichen« genannt, gehört der Putuo Shan zu den idyllischen Orten Ostchinas – ohne hupende Autos und lärmende Einkaufszentren, dafür mit tiefblauem Meer, sandigen Stränden und grünen Hügeln.

Der heilige buddhistische Berg Putuo Shan gilt als Wohnsitz der Göttin der Barmherzigkeit, deren Statue weithin zu sehen ist (Mitte). Der Zugang zum Puji Si, einem der größten Chan- (Zen-)Tempel der Insel, führt über einen malerischen Teich (unten). Vor der Haupthalle des Fayu-Chan-Tempels (rechts).

Der Putuo Shan ist die Residenz von Guanyin, der Göttin der Barmherzigkeit, deren gigantische Statue im Süden der Insel bereits vom Fährhafen aus sichtbar ist. Nach einer frommen Legende soll sie hier ihre Erleuchtung erlangt haben. Eine andere, dramatischere Legende erzählt, dass Guanyin ursprünglich auf der kleinen, südöstlich von Putuo gelegenen Insel Luojia Shan gelebt haben soll. Nach ihrer Erleuchtung setzte sie dann auf einem Schiff in einem Meer von Flammen zur Insel Putuo über, ohne dabei zu verbrennen. Sie landete am Südostzipfel der Insel und hinterließ dort, wo sich heute Pilger scharen, einen Fußabdruck (Guanyin Qiao).

Stätten der Verehrung

Im Laufe der Zeit entstanden auf Putuo Shan über 100 Klöster und Schreine, ergänzt von wundervollen Hallen und exotischen Gärten. Obwohl während der Kulturrevolution große Verwüstungen auf Putuo Shan angerichtet wurden, haben viele ihrer Kunstschätze überlebt. Mittlerweile sind drei große und 88 kleinere Klöster wieder aufgebaut worden, und die Insel wird von einigen Hundert Mönchen bewohnt. Die Anlagen sind über schöne Wanderwege und Holzstege miteinander verbunden, aber es gibt auch Inselbusse, die alle großen Komplexe miteinander verbinden.

29 Huang Shan

Das Gelbe Gebirge

Bizarre und spektakuläre Bergregionen gibt es viele in China, aber kaum eine ist mit der einzigartigen Schönheit des Huang Shan, des Gelben Gebirges, vergleichbar. Inmitten der romantischen Bergwelt der Provinz Anhui, die ihren ländlichen Charakter bewahrt hat, verlieren sich die bis zu 1800 Meter hohen mächtigen Felsgipfel bei Nebel geheimnisvoll in der Unendlichkeit des Himmels.

Nicht umsonst war der Huang Shan eines der Lieblingsmotive aller chinesischen Maler. Das Gebirge erstreckt sich auf einem Areal von rund 1600 Quadratkilometern, und wohin man sich auch wendet, überall stößt man auf meist völlig unzugängliche, schroffe Felswände. Das pittoreske Bild wird von den knorrigen Kiefern vollendet, die sich auch noch auf den schmalsten Felsvorsprung klammern.

Wer sich ganz dem Zauber der Landschaft hingeben will, sollte mit der Seilbahn auf den Gipfel fahren und den westlichen Wanderweg zum Fuß des Berges hinabsteigen: ein Treppenweg mit geradezu abenteuerlicher Streckenführung, entlang den steilsten Graten, über Felswände, durch Höhlen und tiefe Schluchten, vorbei an Wasserfällen.

Blick ins Mittelalter

Die Abgeschiedenheit der Provinz Anhui hat dazu beigetragen, dass in der Umgebung des Huang Shan zahlreiche Dörfer aus dem 17. und 18. Jahrhundert erhalten geblieben sind. Zwei der Dörfer, Xidi Cun und Hong Cun, sind, wie der Huang Shan selbst auch, als UNESCO-Welterbe gelistet, da sie in bemerkenswerter Weise eine originale Dorfstruktur repräsentieren, wie sie für China einst typisch war und heute nur noch sehr selten in dieser Vollständigkeit zu finden ist.

Das Gelbe Gebirge (Huang Shan) mt seinen steilen Felsgipfeln (oben) gehört zu den spektakulärsten Landschaften Chinas und ist auch ein beliebtes Pilgerziel. Von daoistischen Mönchen kann man sich Räucherstäbchen abbrennen lassen, was helfen soll, Wünsche zu erfüllen (links).

30 Wuyi Shan

Felsendome, Urwälder und Tempel

Abgeschieden im Nordosten der Provinz Fujian gelegen, bietet der Wuyi Shan eine dramatische Landschaftsszenerie aus mächtigen, steil aufragenden Felstürmen. Die Gebirgsregion ist zugleich das größte intakte subtropische Feuchtwaldgebiet der Welt. An seinen Rändern wird der berühmte Oolong-Tee angebaut. Ruinen erzählen davon, dass dies einer der Geburtsorte des Neokonfuzianismus war.

In der seit 1999 als UNESCO-Welterbe gelisteten, rund 100 000 Hektar großen Region des Wuyi Shan breitet sich eines der außergewöhnlichsten subtropischen Feuchtwaldgebiete der Welt aus, das selbst die Vielfalt der südchinesischen Regenwälder übertrifft. Hier wachsen zahlreiche seltene, für China endemische Pflanzen, auch kriecht und krabbelt hier eine ungeheure Artenvielfalt an Reptilien, Amphibien und Insekten durch das Unterholz, von denen 49 Arten nur in China und drei sogar nur am Wuyi Shan vorkommen.

Die eindrucksvolle Landschaft mit ihren charakteristischen, hoch aufragenden Felsendomen ist von großer geologischer und geomorphologischer Bedeutung. Ihre Entstehung geht auf starke vulkanische Aktivitäten und Verwerfungen zurück. Erosion und Wasser modellierten im Laufe der Jahrmillionen die außergewöhnliche Landschaft aus Felstürmen, Höhlensystemen und gewundenen Flussläufen wie dem »Fluss der Neun Biegungen«.

Heimat der Oolong

Die Region des Wuyi Shan ist zudem ein bedeutendes Teeanbaugebiet, das zwischen dem 11. und 16. Jahrhundert ausschließlich für den Kaiserhof produzierte. Gepflückt wird der Oolong-Tee, der sich als eine der wenigen fernöstlichen Teesorten auch im Westen großer Beliebtheit erfreut. Die Blätter des Oolong werden geerntet, sobald sie voll entwickelt sind. Im Verarbeitungsprozess werden sie geschrotet, fermentiert, luftgetrocknet und über Feuer nachgetrocknet.

Akademien und daoistische Tempel

Doch der Wuyi Shan ist nicht nur für seine Landschaft und den Tee berühmt, er gilt auch als einer der Ursprungsorte, von dem aus sich der Neokonfuzianismus über ganz China und Ostasien verbreiten und seit der Ming-Zeit zur verbindlichen Staatsdoktrin werden konnte. Ruinen und Überreste von rund 35 antiken konfuzianischen Akademien zeugen davon, dass vom 10. bis zum 19. Jahr-

Auf Bambusflößen kann man den »Fluss der Neun Biegungen« hinunterfahren (rechts oben) und dabei die bizarren Felsdome (Mitte) des Nationalparks und UNESCO-Welterbes bewundern. In den abgeschiedenen Teilen des Wuyi Shan (rechts unten) trifft man auch auf die lebhaften Makaken (unten).

hundert der Eishauch puritanischer Strenge über den Gipfeln des Wuyi Shan lag. Aufgelockert wurde das knochentrockene konfuzianische Ambiente freilich durch 60 daoistische Tempel und Klöster, die sich kunstvoll in die dramatische Umgebung einpassten. An den meisten hat leider der Zahn der Zeit genagt.

Begehbare Felstürme

Hauptattraktion der Region um die kleine Ortschaft Wuyigong – früher ein großer Tempelbezirk und heute Ausgangspunkt für viele touristische Unternehmungen – sind die insgesamt 36 gewaltigen, wie überdimensionale Nadeln wirkenden Felssäulen, die sich entlang dem »Fluss der Neun Biegungen« (Jiuqu Xi) aufreihen. Höchster dieser Felsen ist der Gipfel des Großen Königs (Dawang Feng), der eine Höhe von 530 Metern erreicht. Einige, wie den Tianyou-Gipfel, kann man nur über waghalsig in den Fels gehauene Stufen erklimmen; wer nicht schwindelfrei ist, sollte das lieber bleiben lassen. Oben findet man winzige daoistische Tempel, einst Einsiedeleien von Eremiten, die hier Unsterblichkeit und Einssein mit der Natur suchten. Unten führen Wanderwege zwischen den Felsen hindurch. Wer genau hinschaut, wird übrigens hoch oben in den Felswänden des Dawang Feng oder des Xiaocang Feng Überreste von Särgen entdecken: Vor 3000 Jahren hatten die Ureinwohner ihre Toten dort oben in luftiger Höhe bestattet. Wie sie die Särge hinauf bekamen, ist bis heute ein Rätsel geblieben. Neben einigen restaurierten Tempeln in Wuyigong und der Landschaft am »Fluss der Neun Biegungen«, gibt es noch andere schöne Ziele, die man per Taxi erreicht. So bietet sich die Umgebung der Shuilian-Höhle (Shuilian Dong) für Wanderungen an. Die Wasservorhang-Höhle ist die größte am Wuyi Shan. Ihr Eingang befindet sich am Fuß einer mächtigen Felswand. Xiamei dagegen ist ein altes Zentrum des Teehandels.

FLOSSFAHRT AUF DEM JIUQU-FLUSS

Die zweistündige Floßfahrt sieben Kilometer den »Fluss der Neun Biegungen« hinunter ist eine prickelnde Möglichkeit, die grandiose Schönheit des Wuyi-Gebirges zu genießen. Die Flöße legen ganzjährig täglich zwischen 7:30 und 14:30 Uhr von der kleinen Ortschaft Xingcun ab. Nach Xingcun fahren Busse sowohl von Wuyi Shan Shi, dem Ausgangsort zum Naturschutzgebiet, wo sich auch Bahnhof und Flughafen befinden, als auch von Wuyigong am Zugang zum Park. Nach dem Aussteigen wird man von den einheimischen Schleppern zum Fluss eskortiert, wo die Flößer bereits auf Fahrgäste warten. Das Ticket für die gesamte Fahrt kostet 100 Yuan, und die Flöße legen ab, sobald sie sechs Passagiere zusammenhaben. Wenn nur noch ein Platz frei ist, versuchen die Besitzer einen laut schreiend in ihr Floß zu bugsieren, selbst wenn man in Begleitung ist. Natürlich steht es einem frei, auch noch nicht vergebene Plätze zu bezahlen und sofort loszufahren. In der Hauptsaison kann es vorkommen, dass sich ein einziges Band an Flößen den Fluss entlangzieht.

WEITERE INFORMATIONEN

www.wuyishan.gov.cn

Ein Containerschiff verlässt den Hafen von Xiamen, der zu den wichtigsten Außenhandelshäfen Chinas zählt (Mitte). Das berühmte Festungsdorf Gaobei mit seinen Rundhäusern (rechts) und ein Blick in ein Festungshaus (unten).

31 Xiamen

Zwischen Offenheit und Abschottung

Eines muss man den Briten des 19. Jahrhunderts lassen. Sie hatten eine Spürnase für besonders schön gelegene Standorte. Xiamens Lage auf zwei Inseln in der Mündung des Jiulongjiang beschert der Stadt ein fast mediterranes Flair. Vor den Briten nutzten bereits Araber und Inder das nördlich gelegene Quanzhou als Handelshafen. Ein weiteres Highlight sind die burgartigen Festungen der Hakka in Yongding.

Xiamen wurde 1980 im Rahmen der neuen Öffnungspolitik zu einer Sonderwirtschaftszone erklärt und entwickelte sich schnell zum wichtigsten Einfallstor Taiwans nach China. Taiwan ist auch der wichtigste Investor in der Stadt, ungeachtet der noch immer schwelenden Spannungen aus der Zeit des Bürgerkriegs zwischen Kommunisten und Nationalisten. Die kleinen felsigen Xiamen direkt vorgelagerten Eilande Jinmen und Xiao Jinmen gehören bis heute zu Taiwan. Riesige Einkaufszentren, Wolkenkratzer, der fünftgrößte Flughafen Chinas und ein bestens ausgebauter Hafen haben Xiamen als ein Zentrum von Finanzen, Wirtschaft, Technologie und Wissenschaft zu einer der fortschrittlichsten Städte Chinas gemacht. Dennoch trifft man hier und in der Umgebung auf spannende Zeugnisse der Vergangenheit.

Insel der Klaviere

Amoy, wie Xiamen im lokalen Dialekt genannt wird, wurde nach dem Ersten Opiumkrieg 1842 zwangsweise dem internationalen Handel geöffnet, und schon bald hatte sich auf dem vorgelagerten Inselchen Gulangyu eine kleine ausländische Niederlassung etabliert. 1903 formten England, Japan, Frankreich sowie Amerika nach dem Vorbild von Shanghai eine internationale Konzession. Dies waren Gebiete, in denen die Ausländer Exterritorialität genossen und wo sie eigene Verwaltungen, Justizapparate und Polizeikräfte unterhielten. Aber auch chinesische Kaufleute sowie ehemalige Kulis, die es geschafft hatten, in Übersee reich zu werden, ließen sich hier nieder und bauten sich auf Gulangyu pompöse Residenzen.
Schon 1924 stellte der englische Reiseschriftsteller Harry Franck fest, dass nicht nur die meisten Bewohner der Insel Chinesen seien, sondern dass diese auch die weitaus prächtigeren Villen besäßen als selbst die amerikanischen und britischen Ölmagnaten der beiden Giganten »Asiatic Petroleum« und »British American Tobacco Company«.

Die moderne Skyline der Stadt vom zentralen Yundang-See aus gesehen (oben). Ihren eigentlichen Reiz bezieht die Stadt aus der kleinen Insel Gulangyu, die mit ihren zahllosen Kolonialgebäuden und Villen (unten), die teilweise zu Museen (Mitte) umgewidmet wurden, ein einziges Architekturmuseum ist.

Nicht zuletzt ist es diese Insel, die der Küstenstadt Xiamen ihren besonderen Reiz verleiht, lautet doch ein anderer Name »Insel der Klaviere«: die Bewohner Gulangyus sollen die höchste Anzahl von Klavieren pro Kopf besitzen. Je ein Klaviermuseum und Orgelmuseum zeugen von der großen Bedeutung der Tasteninstrumente. Man sollte sich ziellos über die autofreie Insel treiben lassen, denn Gulangyu ist ein einzigartiges Architekturmuseum. Der eklektische Stilmix repräsentiert alle hier einst vertretenen Nationen – Amerikaner, Briten, Holländer, Dänen, Franzosen, Japaner und Russen. Ein großer Teil der Gebäude ist im britischen Kolonialstil gehalten und besitzt meist zwei Stockwerke mit einem relativ flach geneigten Dach mit den typischen umlaufenden Galerien, die im heißen Sommer für Luftzirkulation im Inneren der Häuser sorgten. Die wuchtigen, mit Säulen bewehrten riesigen Villen, die Gulangyu sprenkeln, waren zumeist im Besitz reicher Überseechinesen aus Vietnam oder den Philippinen.

Kommerz und Kultur

Das Zentrum Xiamens bildet die Fußgängerzone Zhongshan Lu, die auf den Hafen zuläuft. Sie ist Haupteinkaufsstraße und gleichzeitig als Mikrokosmos Spiegelbild für den Aufschwung und die Bedeutung der Stadt als Hafen-, Handels- und Industriemetropole. Die Mieten hier sind so exorbitant hoch, dass man in dieser Gegend so gut wie keine Wohngebäude mehr findet. An der Zhongshan Lu reiht sich Geschäft an Geschäft, Restaurant an Restaurant, und täglich ändern sich die Fassaden in stetem Bemühen, die Aufmerksamkeit der Kunden zu erringen. Kleinere Seitenstraßen verschwinden meist ganz, um Bürotürmen Platz zu machen. Doch Xiamen bietet nicht nur Kommerz, sondern auch Kultur, und so sollte man dem im Südosten der Stadt gelegenen Südlichen Putuo-Tempel (Nanputuo Si) einen Besuch abstatten.

Schmelztiegel der Kulturen – Quanzhou

Xiamen ist dank der neuen Hochgeschwindigkeitsstrecke entlang der Küste sehr dafür geeignet, von hier aus einige hochinteressante Ausflüge zu unternehmen. Einer sollte in die attraktive Stadt Quanzhou führen, 109 Kilometer nördlich von Xiamen, die man nach nur 35 Minuten Zugfahrt erreicht. Es war nicht leicht, der alten Handelsstadt Guangzhou den Rang als Außenhandelshafen abzulaufen, aber die Hafenstadt Quanzhou, die von den muslimischen Kaufleuten »Zaytun« genannt wurde, konnte sich zwischen dem 11. und 14. Jahrhundert zur größten und kosmopolitischsten Hafenstadt Chinas entwickeln. Araber, Perser, Inder, Malaien und Angehörige zahlreicher anderer mit China Handel treibender Nationen bevölkerten die Stadt, die nun zum Ausgangspunkt der Seidenstraße des Meeres geworden war. Bekannt war diese Route allerdings unter dem Namen »Straße der Gewürze«, denn viele der Händler aus aller Welt, die hierher kamen, handelten mit dieser heiß begehrten Ware, die sie aus Südostasien importierten. Die Fremden ließen sich im »Fanfang« nieder, dem Wohnviertel für Ausländer, wo sie ihre Kirchen, Moscheen, Tempel und Residenzen in den verschiedensten Stilen errichteten. Lebendig wird diese Zeit noch heute im Museum zur Geschichte des Überseehandels.

Chinesischer Tempel mit indischem Einschlag

Heute erinnert auf den ersten Blick nur noch wenig an die glanzvolle Historie. Die wichtigste Sehenswürdigkeit Quanzhous ist der 686 gegründete Kaiyuan-Tempel (Kaiyuan Si). Der Gesamtkomplex breitet sich auf einer Fläche von nahezu 70 000 Quadratmetern aus. Damit gehört diese Sakralanlage zu den größten Tempelkomplexen Chinas. Bemerkenswert ist der zweifellos indische Einfluss auf die berühmten Pagoden des Tempels: Nachdem der chinesische Baumeister vor deren Fertigstellung gestorben war, übernahm ein Inder die Bauleitung und brachte seine ganz eigenen Vorstellungen ein. So zeigen einige Szenen den seit dem 16. Jahrhundert in China verbreiteten Affenkönig. Da die Darstellungen an den Pagoden allerdings aus einer sehr viel früheren Zeit stammen, kam die These auf, dass der Affenkönig Chinas aus dem indischen Affengott Hanuman hervorgegangen sei und hier erstmals im chinesischen Stil dargestellt wurde. Eine überragende Bedeutung hat der mächtige Ordinationsaltar (Guanlu Jie) in der Mahavira-Halle. Er ist einer der drei bedeutendsten seiner Art in ganz China und zudem der größte. Hier am achteckigen Altar wurden und werden bis heute buddhistische Novizen zu Mönchen und Nonnen geweiht.

Missionare Mohammeds

Die zweite wichtige Sehenswürdigkeit Quanzhous liegt im südöstlichen Teil der

Der Nanputuo-Tempel im Süden der Stadt (oben) bietet mit seinem Detailreichtum, darunter filigran gearbeitete Drachen auf den Dachfirsten (unten), eine willkommene Abwechslung zum modernen, von Hochhäusern beherrschten Teil der Stadt (Mitte). Der Kaiyuan Si in Quanzhou gehört zu den größten Tempelkomplexen Chinas (links).

Skulptur des Laozi nahe Quanzhou (oben). Eingang des buddhistischen Kaiyuan-Tempels in Quanzhou (Mitte). Berühmt: die handgearbeiteten Laternen von Quanzhou (unten). Feier zu Ehren von Konfuzius' 2558. Geburtstag (oben rechts). Die Bauern von Gaobei leben noch wie früher (rechts unten). Xiamens Holzweg (ganz rechts oben).

Stadt, in der Tumen Jie. Hier stehen die Überreste der im Jahr 1009 erbauten Moschee (Qingjing Si), die einem Gebetshaus in Damaskus nachempfunden wurde. Die Moschee von Quanzhou zählt zu den ältesten Chinas; eine erste Moschee entstand an diesem Ort noch zu Lebzeiten Mohammeds. Da die neue Religion in seiner Heimat zunächst verboten war, konzentrierte sich der Prophet auf die Verbreitung des Islam in anderen Regionen der Welt. Das kosmopolitische China der Tang-Zeit bot ideale Voraussetzungen, und so gehörte China zu den ersten Ländern überhaupt, in das Mohammed Missionare sandte. Einer ging nach Guangzhou, einer nach Yangzhou und zwei kamen nach Quanzhou, womit alle drei bedeutenden Außenhandelshäfen Chinas erreicht worden waren. Große Teile der Moschee wurden während eines schweren Erdbebens im Jahr 1607 zerstört, bei dem u.a. das Dach der Haupthalle einstürzte. Heute zeugen nur noch die mächtigen Außenmauern und das große, 20 Meter hohe und viereinhalb Meter breite Eingangstor von der früheren Pracht.

Festung aus Granit

Gleich nördlich von Quanzhou steht eine bizarre Granitstadt mit dem seltsamen Namen Chongwu, »Hochschätzung der Waffen«. Sie hätte kaum treffender benannt werden können, denn die Stadt, die schon in der Song-Zeit (960–1279) zur Festung ausgebaut worden war, wurde 1387 zum Schutz vor Piraten vollständig neu aus Granitquadern erbaut und diente nun als schwer befestigte und bewachte Garnisonstadt, in der die meist nur dürftig ausgerüsteten Marinetruppen Schutz vor den gefürchteten Piratenarmeen fanden. Eine mächtige Mauer schirmt Chongwu von der Außenwelt ab. Diese seltsame graue Welt aus Granit trotzte 600 Jahre lang allen Überfällen.

Die Festungsdörfer der Hakka

Nur zwei bis drei Stunden Autofahrt von Xiamen entfernt sollte ein anderer Abstecher zu den mächtigen Tulou der Hakka führen, die seit 2008 zum UNESCO-Welterbe zählen. Kriege und Rebellionen, Naturkatastrophen, Hunger und Elend lösten immer wieder große Flüchtlingsbewegungen ganzer Bevölkerungsgruppen aus – so auch der Hakka, die in Yongding schließlich eine neue Heimat fanden.
Die neue, landschaftlich schöne Umgebung war den »Gastfamilien« von Anfang an feindlich gesinnt. Zum Schutz vor den Angriffen marodierender Banden, Raubtieren und feindlichen Clans bauten die Hakka darauf ihre Häuser und Dörfer zu massiven, abweisen-

den Burgen aus und konnten so den feindlichen Nachbarn über tausend Jahre lang trotzen.
Anfangs herrschten die Rundtürme (*yuanlou*) vor. Uneinnehmbaren Festungen gleich, wurden sie aus mächtigen Stampflehmquadern errichtet. Sie waren bis zu fünf Stockwerke hoch. Außenfenster gab es nur für die Wohnungen in den beiden obersten Etagen. Innen hatten die Rundhäuser einen großen Hof, der ebenfalls mit zahlreichen niedrigen Gebäuden zugebaut sein konnte, während sich entlang der Innenwände über vier oder fünf Etagen die Balustraden und Balkone der »Apartments« wie Bienenwaben aufreihten. Eine weitere Form war der rechteckig konstruierte *fanglou*, während die aufwendigsten Dörfer sogenannte Fünf-Phönix-Türme (*wufenglou*) darstellten. Diese waren alten kaiserlichen Palastanlagen Zentralchinas nachempfunden und bestanden aus ummauerten Außen- und Innenbereichen mit mehreren Türmen, die anders als die Rund- oder Viereckhäuser, verschiedene Höhen aufweisen konnten. Eines der bekanntesten Hakka-Rundhäuser in der Umgebung von Yongding ist das Zhencheng-Gebäude am Rand des Dörfchens Hongkeng. Es besteht aus zwei konzentrischen Ringen: Der äußere Ring ist vier Stockwerke hoch, der innere nur zwei. Auf diese Weise wurde gewährleistet, dass alle Wohnungen genügend Licht bekamen. Ein weiteres bekanntes Rundhaus ist das Chengqi Lou, die »Königin der Rundhäuser«, im Dorf Gaobei. Insgesamt 400 Räume reihen sich entlang dem riesigen inneren Rund auf und boten 52 Haushalten mit 300 Menschen Unterkunft.

AUF DEM HOLZWEG

Xiamen ist eine der grünsten Städte Chinas. Um ihre Stadt noch attraktiver zu machen, ließen die Stadtväter eine herrliche hölzerne Uferpromenade anlegen. Beginnend vom Strandabschnitt der Xiamen Universität führt der Holzweg über fünf Kilometer, zuweilen auf Stelzen über dem Wasser, am Huli-Fort, Music Square und diversen Stränden, Restaurants und Parks vorbei, entlang einer mediterran anmutenden Umgebung aus Felsen und Bäumen. Nur die typischen Fujianer Fischerboote und das eine oder andere Open-Air-Theater für die traditionelle Fujian-Oper erinnern daran, wo man sich befindet. Zurzeit wird der Weg um weitere zehn Kilometer bis zum Internationalen Ausstellungszentrum verlängert.

Für Kunstliebhaber

Das schmucke Gulangyu Gallery Inn (67 Fuxing Lu, Tel. 0592-208 53 53, www.gallery-inn.com, DZ ab 285 Yuan) ist ein wundervolles Kunst-Hotel im Osten Gulangyus, in der Nähe des »Gartens des Hellen Mondscheins«. Jedes der 13 künstlerisch eingerichteten Zimmer ist einem Künstler, darunter Picasso, Degas und van Gogh, gewidmet.

WEITERE INFORMATIONEN

www.whatsonxiamen.com,
www.amoymagic.com,
www.nanputuo.com,
http://quanzhou.cncn.com

Bietet Hongkong modernste Wolkenkratzer wie die Bank of China (oben), leben die Minderheiten in Guangxi noch weitgehend ganz traditionell, so das Mädchen in der Tracht der Miao (Mitte). Verkäufer vor der Kulisse der Ruinas de Sao Paolo (unten) und ein Hirte mit seinen Wasserbüffeln vor den malerischen Karstbergen bei Yangshuo (rechts).

Der Süden

Die moderne Skyline von Guangzhou im Abendlicht (Mitte) mit dem ästhetischen Canton Tower am Perlfluss (rechts oben) kontrastiert mit der alten Kultur der Stadt, darunter der Tempel der Sechs Banyan-Bäume (unten). Am Ufer des Perlflusses bauen Snackverkäufer gerne ihre Stände auf (rechts unten).

32 Guangzhou (Kanton)

Exotisch und weltoffen

Guangzhou bietet trotz seiner modernen Fassade eine ganz eigene Mischung aus Exotik und Vertrautem, besitzt auf dichtestem Raum daoistische, buddhistische, christliche und islamische Kulturdenkmäler und spannt mit seinen Sehenswürdigkeiten einen weiten Bogen aus fernster Vergangenheit über die revolutionäre Zeit des beginnenden 20. Jahrhunderts bis hin zu futuristischen Bauwerken.

Guangzhou erschien dem übrigen China stets als eine fremde Welt. Zwar irgendwie chinesisch, aber merkwürdig barbarisch; der Dichter Su Dongpo (1037–1101) schrieb nach einem Besuch Guangzhous: »Keinen festen Platz hat das Mädchen aus Guangdong, wo es ihr gerade gefällt, stellt sie ihre Körbe auf. Drei- oder viermal am Tag verändert sie manchmal den Standort. Überall bietet zum Kauf Krabben sie an und Fisch. Indigoblau ist ihr Rock, sie trägt keinen Strumpf an den Füßen. Ach wie übel sie riecht! Wie Affen riechen und Meerkatz! Wer aber ist so vermessen, die Art ihres Landes zu schelten? Wuchs doch in Bozhou einst Lüzhu, die Schöne, auf!«
Wie weit entfernt von Zentralchina und wie andersartig die Hauptstadt der Provinz Guangdong ist, empfindet man auch heute noch. Sprache, Sitten und Essgewohnheiten sind anders als im vergleichsweise unterkühlt wirkenden Norden, die Menschen hier sind viel temperamentvoller, weltoffener. Aufgrund seiner jahrhundertelangen Tradition als Warenumschlagplatz und der damit einhergehenden Offenheit gegenüber dem Fremden, nicht zuletzt wegen seiner Nähe zu den Kolonialstädten Hongkong und Macau, entwickelte sich Guangzhou, das ehemalige Kanton, zu einer südostasiatischen Metropole voller Leben und Besonderheiten.

Koloniales Erbe und ein großer Markt

Günstiger Ausgangspunkt für die Erkundung der Stadt ist die Europäerinsel Shamian, ein Inselchen im Perlfluss, das aus der südlichen Stadtfläche herausgeschnitten zu sein scheint. Mitte des 18. Jahrhunderts wurde den westlichen Kaufleuten erlaubt, hier ihre Warenhäuser und Lager zu errichten. Im 19. Jahrhundert wurde die Insel dann exterritoriales Konzessionsgebiet der Engländer und Franzosen. Bis heute hat sich Shamian seine eigentümliche, durch die historischen Kolonialbauten geprägte Atmosphäre erhalten.

Gleich nördlich von Shamian breitet sich der weitverzweigte Qingping-Markt aus. Früher einer der exotischsten Märkte Guangzhous, werden in den engen Gassen heute hauptsächlich Heilkräuter, Potenzmittel und Essenzen der Traditionellen Chinesischen Medizin verkauft. In Richtung Norden kreuzt der Qingping-Markt die Dishifu Lu, Guangzhous lebhafteste Fußgängerzone mit schmucken Arkadenhäusern im Kolonialstil.

Islamische und buddhistische Spuren

Dem islamischen Erbe der Stadt kann man in der Huaisheng-Moschee in der Guangta Lu nachspüren. Sie ist die älteste Moschee Chinas und soll von Saad bin Waqqas, einem Onkel Mohammeds, 627 erbaut worden sein. Noch älter ist der Tempel der Glänzenden Kindespietät (Guangxiao Si) in der Guangxiao Lu, einer der ältesten Tempel der Stadt aus dem 4. Jahrhundert. Wenige Minuten weiter östlich steht der im Jahr 537 errichtete Tempel der Sechs Banyan-Bäume (Liurong Si) mit seiner berühmten Blumen-Pagode (Hua Ta); seinen Namen gab ihm der Dichter Su Dongpo, eben derselbe, der das Mädchen von Guangzhou so drastisch beschrieben hatte. Er hatte die hier stehenden, im Buddhismus als Bäume der Erleuchtung geltenden Maulbeergewächse gesehen und ihnen aus Bewunderung 1099 eine Kalligrafie gewidmet.

Zentrum des Kunsthandwerks

Der mit Abstand aufwendigste Tempel ist der 1894 fertiggestellte Ahnentempel der Familie Chen (Chenjia Ci) an der U-Bahnstation Chen Clan Academy. Früher befand sich hier eine Akademie des Chen-Clans für die Lehre der konfuzianischen Klassiker. Sehenswert ist nicht nur der Gesamtkomplex, der für seine filigranen Holzschnitzereien, glasierten Tonfiguren auf den Dachfirsten und schmiedeeisernen Kunstwerke bekannt ist, sondern auch das in seinen Gebäuden untergebrachte Museum für volkstümliche Kunst der Provinz Guangdong.

CANTON TOWER

Mit einer Höhe von 610,8 Metern ist der Canton Tower im Osten der Stadt (noch) der höchste Fernsehturm der Welt. Auffallend ist seine außergewöhnliche Architektur, ein Werk der beiden Architekten Mark Hemel und Barbara Kuit des in Amsterdam ansässigen Büros Information Based Architecture (IBA). Der Designentwurf ist bewusst »weiblich«: komplex, transparent, kurvenreich und grazil, im Gegensatz zu den typisiert »männlichen« Wolkenkratzern, die geradlinig, rechteckig und normiert sind; dementsprechend trägt der Turm auch den Spitznamen »Supermodel«.
Es gibt mehrere Aussichtsplattformen, die man zum Teil über Außentreppen erreicht. In einer Höhe von 459 Metern befindet sich die letzte und höchste Aussichtsplattform. Fahrgeschäfte für Adrenalinjunkies befinden sich an der Spitze des Towers.
Infos: http://gztvtower.info/, tgl. 9–22 Uhr, Eintritt bis Aussichtsplattform in der 32. Etage 50 Yuan, bis 67. Etage 100 Yuan, bis 84. Etage 150 Yuan.

WEITERE INFORMATIONEN

Aether Square Tourist Information Center, 1/F Aether Square, 986 Jiefang Beilu, Tel. 020-86 66 23 25, www.gz.gov.cn

Der Jinjiang-Fluss mäandert durch die seit 2010 zum UNESCO-Welterbe zählende Danxia-Landschaft – eine Welt aus rotem Sandstein (Mitte). Der Danxia Global Geopark im Nordosten von Shaoguan umfasst ein Gebiet von 290 km^2 (unten). In Shaoguan befindet sich eines der am besten zugänglichen Danxia-Gebiete.

33 Shaoguan

Wunder der Natur – die Danxia-Felsformationen

Die Stadt Shaoguan, nördlich von Guangzhou, ist Ausgangspunkt für Ausflüge zu einem Naturphänomen ganz besonderer Art. Die Umgebung der Stadt ist charakteristisch geprägt von den Danxia-Felsformationen, mächtigen Felsgebirgen aus rotem Sandstein, in deren Rändern sich immergrüne subtropische Urwaldgebiete ausdehnen.

Die Bergregion Danxia Shan befindet sich rund 45 Kilometer nordöstlich von Shaoguan nahe der Stadt Renhua. »Rote Wolken«, so heißt dieses Gebiet, oder auch »Roter Steinpark«. Und in der Tat wird vor allem in der rosa Morgensonne die Wirkung des hier dominierenden roten Sandsteins zu einem brillanten Farbenspiel verstärkt. Die Felsformationen zählen seit 2010 zum UNESCO-Welterbe. Das gesamte Gebiet ist in vier Bereiche gegliedert: Yuan Shan im Osten, die Jinjiang-Flusslandschaft im Zentrum, den Zhanglao-Gipfel im Westen und das Xianglong-Seengebiet im Norden. Die Gipfel sind über ein zwölf Kilometer langes Wegenetz erreichbar. Es führt steil durch Waldgebiete, vorbei an auf Klippen schwebenden Nonnenklöstern und Felsformationen zu den verschiedenen Felsbergen.

Gipfel und Tempel

Ein touristisch interessantes Ziel im Yuan-Shan-Gebiet ist dessen berühmtester Fels, der Yangyuan Shi, der wie ein männliches Glied aussieht. Der auch als »Erstes Steinwunder der Welt« bekannte Fels ist bei einem Durchmesser von sieben Metern 28 Meter hoch. Eine mühselige Kletterpartie führt auf den Gipfel des benachbarten, weniger phallischen Yuan Shan, zu dessen Füßen man eine Bootstour auf dem Jinjiang-Fluss machen kann.

Natürlich gibt es im Nationalpark auch den einen oder anderen Tempel. Im Parkgebiet Zhanglaofeng auf der westlichen Seite des Flusses breiten sich die Hallen des Biezhuan-Tempels aus, der in der Spätzeit der Ming-Dynastie (1368 bis 1644) gegründet worden ist und dessen Geschichte eine Tragödie birgt: Mitte des 18. Jahrhunderts fanden kaiserliche Beamte in einer Kiste zahlreiche anti-mandschurische Dokumente, die ein vor den mandschurischen Eroberern geflohener Abt hier in einer eisernen Truhe versteckt hatte. Der Tempel wurde daraufhin zerstört und die 500 Mönche verbrannt. Jahre später erfolgte der Wiederaufbau.

WEITERE INFORMATIONEN:
www.danxia.com

34 Kaiping

Wehrtürme der Heimkehrer

Rund 138 Kilometer südöstlich von Guangzhou beginnt eine ländliche Region voller kleiner Dörfer inmitten grüner Reisfelder. Ihr besonderes Gepräge erhält die Umgebung von Kaiping durch Tausende von massiven Wehrtürmen. Die abweisenden Bauwerke vermitteln eine Ahnung davon, wie friedlos es früher in dieser Gegend zuging.

Ende des 19. Jahrhunderts verschärften viele Länder der Welt ihre Einwanderungsregelungen. So durften beispielsweise Chinesen ihre Ehefrauen nicht mehr ins Zielland mitnehmen. Dadurch waren sie gezwungen, zurückzukehren, sobald sie genügend Ersparnisse hatten, um sich Land zu kaufen und ein Haus zu bauen, oder aber sie mussten ihre Familien zu Hause mit Geldsendungen unterstützen. Die unsichere politische Lage in China in Kombination mit aus dem Ausland einfließenden Geldmitteln bot den idealen Nährboden für Räuberbanden, die im Umland von Kaiping ihr Unwesen trieben. So schützten sich die Einwohner hier mit Wehrtürmen, die im Chinesischen Diaolou heißen.

Bollwerke gegen Banditen

Der Begriff »Diaolou« bezeichnet ein mehrstöckiges turmähnliches Haus aus Stein, das eine doppelte Schutzfunktion sowohl gegen Überschwemmungen als auch gegen Banditen erfüllte. Es gibt drei Kategorien dieser Diaolou: Wohntürme, Wachtürme und kommunale Schutzhäuser, in denen jeder Familie im Dorf im Falle eines Angriffs ein Raum zustand. Fast 2000 Diaolou gibt es rund um Kaiping, aber in den drei Orten Zili, Chikan und Majianglong konzentrieren sich besonders viele dieser faszinierenden Flucht- und Wohnburgen, die 2007 in die Liste des UNESCO-Welterbes aufgenommen wurden. Einige der Diaolou sind noch bewohnt, die meisten Gebäude in den genannten Dörfern stehen aber leer oder wurden als Museen für Besucher freigegeben.

Sehenswert ist auch der berühmte Li Garten (Liyuan). Er wurde zwischen 1926 und 1936 von einem Überseechinesen in Auftrag gegeben und verbindet herrschaftliche Diaolou-Architektur mit westlichen Stilelementen und klassischer chinesischer Gartenbaukunst. Den Besuch der Diaolou kann man gut als Tagesausflug von Guangzhou aus organisieren. Vom Provinzbusbahnhof fahren Busse nach Kaiping, wo man ein Taxi zu den Dörfern chartert.

WEITERE INFORMATIONEN: www.kptour.com

Viele der einsam aus den Reisfeldern in den Himmel ragenden Diaolou in Zili sind nicht mehr bewohnt oder die Besitzer nicht mehr ausfindig zu machen (Mitte). Andere Diaolou, so die Villa Changlu in Majianglong (unten), sind Museen, in denen das Leben der früheren Besitzer dokumentiert wird.

Die Lippo Towers in Central werden auch gerne »Koala Towers« genannt, da die Vorbauten an sich an Bäume klammernde Koalabären erinnern (Mitte). Zu Ehren Hongkonger Filmgrößen wie Bruce Lee wurde ein Teil der Uferpromenade von Kowloon zur Avenue of Stars gestaltet (unten).

35 Hongkong

Metropole zwischen Tradition und Innovation

Hongkong heute, das ist eine Stadt, in der die Vergangenheit dem Abriss preisgegeben ist, mit einer flüchtigen Gegenwart und einer unbedingten Fixierung auf die Zukunft – vielleicht bezieht die Boomstadt gerade daraus ihren Reiz. Doch inmitten der futuristischen Glanzfassade und des Big Business sind die chinesischen Traditionen in allen ihren Facetten allgegenwärtig.

Die Übergabe Hongkongs an China im Jahr 1997 ist längst vergessen, die Sorge um die Zukunft der Stadt ebenfalls. Möglich macht das die Zauberformel »Ein Land, zwei Systeme«: Sie besagt, dass – Verteidigung und Diplomatie ausgenommen – die einstige Kronkolonie für weitere 50 Jahre ihr kapitalistisches System behalten darf. Die Hongkonger weinten den Briten keine Träne nach. Schließlich hatte China die Verträge, die 1842 zur Abtretung Hongkongs geführt hatten, stets als »ungleiche Verträge« betrachtet, da sie dem Reich der Mitte als Folge der Aggressionspolitik Englands aufgezwungen worden waren. Die Wirtschaft der Stadt brummt. Hongkong gilt noch immer als freieste Marktwirtschaft der Welt und das Lebenstempo als eines der schnellsten auf dem Globus.

Eine neue Megalopolis

Die äußerlichen Unterschiede von Städten wie Guangzhou oder Shenzhen zur Turbocity Hongkong beginnen nach und nach zu verschwimmen. Das Perlflussdelta ist in den letzten Jahren zu einer wirtschaftlichen Großregion zusammengewachsen. Neue Planungen sehen vor, die neun Großstädte im Deltagebiet zu einer einzigen 42 Millionen Einwohner zählenden Riesenstadt zu vereinen. Die Vorbereitungen zu dieser Megafusion – unter anderem wird ein effizientes Nahverkehrsnetz gebaut – laufen bereits auf Hochtouren. Nur ein Name für dieses neue Konstrukt ist noch nicht gefunden.

Auch wenn Hongkong eines Tages vielleicht nur noch Teilgebiet eines ungeheuren Ballungsraumes sein wird, seine phänomenale Effizienz, diese Mischung aus britischem Understatement und chinesischem Fleiß, wird es sich erhalten: darauf kann man wetten. Hongkongs Manager sind die begehrtesten von ganz Chinas, da sie sich im westlichen und östlichen Milieu gleichermaßen sicher bewegen. Wie kaum in einer anderen Stadt verstand man es hier, Westliches und Östliches zu einer wirkungsvollen Synthese konfuzianischer und christlicher Traditionen zu verbinden und dieses Kapital bis heute gewinnbringend einzusetzen.

Zwischen Kaufrausch und Kultur

Shopping und Sightseeing verschmelzen in Hongkong zu einem einzigartigen Happening. Während die einen im Kaufrausch die Stadt vergessen und gerade dadurch in das Herz dieser auf Kommerz ausgerichteten Metropole vorstoßen, später vielleicht mit einem Kater und lauter nutzlosem Tand aufwachen, weichen die anderen voller Angst zurück, dem Sog des Konsums zu erliegen und versagen sich damit den Zugriff auf den Puls der Stadt. Wer wenig Zeit hat, sollte diese genau verplanen, morgen ist dieses Hongkong schon wieder ein anderes, das Heute unwiederbringlich verloren. Ein guter Rat: Am Tag der Besichtigungen Kreditkarte im Safe einschließen und erst wieder für den Einkaufsbummel am nächsten Tag hervorholen. Die Gefahr, in den endlosen klimatisierten Schluchten des Konsums hängen zu bleiben, ist zu groß.

Beginnen sollte man den Bummel auf der Uferpromenade, der Avenue of Stars, mit ihren vielen Handabdrücken berühmter lokaler Filmgrößen. Sie ist eine Hommage an die Filmindustrie der Stadt und hat die beneidenswerte Kulisse Hongkongs sozusagen monopolartig für sich gepachtet, während der neuerbaute Turm des altehrwürdigen Peninsula Hotels sich verzweifelt über die Bauten reckt, die ihm vor die Nase gesetzt wurden. Hier beginnt die nach Norden laufende Nathan Road, eine der Haupteinkaufsmeilen der Stadt. Noch 1904 wurde Gouverneur Nathan ausgelacht, als er die Allee anlegen ließ, damals eine scheinbar überflüssige Straße ins Niemandsland. Fast schon etwas beschämt ob seines hohen Alters duckt sich im Schatten des Kulturzentrums mit dem großartigen Hongkong Museum of Arts der alte, 1916 erbaute Uhrenturm des ehemaligen Bahnhofs der Hongkong-Kanton-Eisenbahn.

Von der Uferpromenade in Kowloon (oben), die am Uhrturm des alten Bahnhofs (Mitte) beginnt, bietet sich ein idealer Ausblick auf das Hongkong and Exhibition Centre in Central (unten). Überwältigend: die Mega-City Hongkong bei Nacht (links).

黃健雄
合家平安
李　枝

Mit der Star Ferry nach Hongkong Island

Gleich hinter dem Uhrenturm begegnet man einem weiteren Relikt der Vergangenheit, der Star Ferry, die seit 1898 unermüdlich die beiden Stadtteile Tsim Sha Tsui und Hongkong Central verbindet. Die alte Fähre bildet einen eigenartigen Kontrast zu dem, was am jenseitigen Ufer steht: himmelstürmende Wolkenkratzer, alle darin wetteifernd, der höchste, schönste, teuerste oder symbolträchtigste Bau zu sein. Hier haben sich Tycoone, Multis und Architekten verwirklicht. Jedes der Bauwerke trumpft mit Imponiergehabe auf, ohne darauf Rücksicht zu nehmen, ob es in die Umgebung passt oder anderen die Sicht nimmt. Gerade in dieser ungebremsten Monomanie liegt Hongkongs ungeheure Dynamik begründet. Täglich ändert sich das Gesicht der Stadt.
Blickt man auf die Hongkonger Skyline, bildet der nach oben hin wie eine Raumkapsel wirkende Turm des Central Plaza einen unwiderstehlichen Blickfang. Davor schiebt sich der elegant geschwungene gläserne Erweiterungsbau des Convention Centre ein Stück ins Meer. Weiter rechts sticht wie eine Speerspitze die High-Tech-Architektur der Bank of China in den Himmel. Während die einen in dem »Sprießenden Spargel« eher das Omen eines düsteren Schicksals der Stadt unter der anbrechenden kommunistischen Ägide erkannten, lasen die anderen aus dem Bauwerk den verschlungenen Weg heraus, den China auf dem Weg zum kapitalistischen Staat zurücklegt.
Rund fünf Milliarden Pfund ließ sich die konkurrierende Hongkong and Shanghai Bank ihren 1986 von dem Stararchitekten Norman Foster errichteten Skyscraper kosten. Der in unmittelbarer Nähe befindliche Statue Square ist benannt nach der Statue von Sir Thomas Jackson, einem frühen Boss der Hongkong and

Ob in der Luxusmall The Landmark (oben), im stets belebten Man-Mo-Tempel (Mitte), den Märkten in Yau Ma Tei (unten) oder dem Einkaufsviertel Mongkok (links), überall pulsiert Tag und Nacht das Leben. Weitab der Hektik befindet sich der Tempel der Zehntausend Buddhas (Man Fat Sze) in den New Territories (linke Seite).

Seit 1888 zuckelt die Peak Tram (oben) auf den Victoria Peak. Im Westen von Central befinden sich Hunderte Geschäfte für traditionelle chinesische Heilmittel (Mitte und unten). In Taipo stehen noch viele Häuser auf Pfählen (rechts unten). Vielfältig und lecker: Dim-Sum, in Bambuskörbchen gedämpfte gefüllte Teigtaschen (rechts oben).

Shanghai Bank. Der Fußgeher wird hier, kaum angekommen, schon mitgerissen vom Sog der Menschen und bewegt sich staunend auf den über den Straßen verlaufenden Elevated Walkways. Verwundert fällt sein Blick auf eines der wenigen Relikte aus der Kolonialzeit, das Legislative Council, in dem seit 1985 das Parlament tagt.

In den Mid Levels

Am westlichen Ende des Geschäftsbezirks liegt der ehemalige Central Market. Hier beginnt eine weitere Attraktion der Stadt, nämlich die längste Rolltreppe der Welt. 800 Meter ist sie lang und führt hinauf in die Wohngebiete der Mid Levels. Man kann ein Stück hochfahren und die Treppe an der Hollywood Road verlassen, die schon seit Langem als Zentrum für Antiquitäten und Kunsthandwerk gilt. An der Kreuzung zur Ladder Street, die man über steile Stufen erklimmen muss, steht einer der ältesten Tempel Hongkongs, der Man-Mo-Tempel aus dem Jahr 1848. Er dient der Verehrung zweier Götter, dem Gott der Literatur Man und dem Gott des Krieges Mo.
Gleich südlich vom Tempel verläuft die Cat Street, einst Tummelplatz der Hongkonger Unterwelt, heute ein bunter, geschäftiger Flohmarkt. Noch weiter nach Westen trifft die Hollywood Road auf die Possession Street. An dieser Stelle hissten Kapitän Edward Belcher und seine Soldaten auf Anweisung von Charles Elliot am 26. Januar 1841 die britische Fahne und markierten so die Inbesitznahme der Insel Hongkong. Von hier sollte man hinunter zur Des Vœux Road gehen und in eine der bunt bemalten doppelstöckigen Straßenbahnen steigen. Seit über hundert Jahren rumpeln sie, beharrlich der Modernisierung trotzend, zwischen Kennedy Town im Westen und Shau Kei Wan im Osten hin und her.
Am Statue Square steigt man aus und geht nun direkt nach Süden. Vorbei an der 1848 im altenglischen Stil erbauten St. John's Cathedral erreicht man die Peak-Tram-Station. 373 Meter Höhenunterschied überwindet die Bahn, die 1888 erstmals die Mid Levels mit dem 554 Meter hohen Victoria Peak verband. Bei klarem Wetter hat man von hier aus einen fantastischen Blick über Hongkong. Wanderfreunde können auf einem Panoramaweg in einer Stunde den Gipfel umrunden.

Das Zentrum des Kommerz

Wieder unten in den Straßenschluchten kann man mit der effizienten U-Bahn nach Causeway Bay fahren. Modernste Shopping Malls drängen sich in diesem Distrikt. Man sollte sich ziellos durch die Straßen treiben lassen, in jedem Falle aber Jardine's Bazaar und Jardine's Crescent besuchen: In den beiden Gassen herrscht zwar ein unbeschreibliches Gedränge, aber auch eine einzigartige Atmosphäre. Vor allem der Jardine's Bazaar wimmelt von kleinen Läden und Verkaufsständen, an denen man getrocknete Nahrungsmittel, Heilkräuter und allerlei Sojaprodukte erstehen kann.

Durch die New Territories

Wer Hongkong intensiver kennenlernen möchte, sollte nicht nur durch die Geschäftszentren streifen, sondern auch einmal in Richtung New Territories aufbrechen. Mit der U-Bahn gelangt man

beispielsweise direkt nach Wong Tai Sin. Hier ist einer der wichtigsten Tempel der Stadt. In ihm wird der daoistische Heilige Wong Tai Sin verehrt, dem nachgesagt wird, dass er aus Zinnober ein Allheilmittel herzustellen vermochte. Im Laufe der Zeit wandelte er sich zu einer Gottheit, die nicht nur für die Leiden der Menschen zuständig war, sondern auch als Ratgeber aufgesucht wurde. Daher befindet sich in der bunten Anlage ein lang gezogenes Gebäude, in dem über 160 Wahrsager ihre kleinen Buden haben.

Wer nicht nur den 1973 im Stil der traditionellen chinesischen Tempel errichteten Nachfolgerbau des ursprünglich 1921 errichteten Tempels sehen will, dem seien noch zwei weitere Abstecher empfohlen. So ist der Distrikt Yuen Long mit dem Sumpfgebiet des Mai-Po-Wetland Revier für Hunderte verschiedener Zugvögel, auch befinden sich hier einige alte Clan-Dörfer, die wie in alten Zeiten von Mauern umschlossen sind.

Inselwelten

Abwechslungsreich ist auch der Besuch einer der mehr als 260 Inseln, die Hongkong vorgelagert sind. Die wichtigsten sind Cheung Chau, Lamma, Peng Chau und Lantau. Fähren zu den Inseln legen vom Ferry-Terminal in Hongkong Central ab. Auf Lantau, der größten Insel, erreicht man mit der über fünf Kilometer langen Luftseilbahn Ngong Ping 360 schwebend das weitläufige Po-Lin-Kloster mit dem größten sitzenden bronzenen Buddha der Welt. Eine andere große Attraktion Lantaus ist das Dorf Tai O, das gern als Klein-Venedig Hongkongs bezeichnet wird, da viele der hier siedelnden Fischer ihre Behausungen auf Pfählen errichtet haben. Wer absolute Ruhe sucht, sollte an einem Wochentag nach Cheung Chau fahren, denn hier gibt es keinen Autoverkehr. Die schönen Strände und der schmucke 1783 erbaute Pak-Tai-Tempel sind ein wahrer Hort der Entspannung fern vom verkehr- und lärmumtosten Hongkong.

HONGKONG EXQUISIT

Preiswert ist das Hullett House Hotel in der 2A Canton Rd., Tsim Sha Tsui (Tel. 008 52-39 88 00 00, www.hulletthouse.com, DZ ab 4350 HK-$) nicht, aber dafür ist es eine der außergewöhnlichsten Unterkünfte der Stadt. Das Hotel ist in den oberen Etagen des 1881-Heritage-Komplexes untergebracht. Jedes Zimmer hat seinen eigenen Kunststil: avantgardistisch, modern, altchinesisch.

Nicht weniger außergewöhnlich, wenngleich auf den ersten Blick ganz banal, ist Tim Ho Wan (2–8 Kwong Wah St., Mong Kok, Tel. 008 52-23 32 28 96, tgl. 10 bis 22 Uhr). Die Warteschlange vor dem wie ein Waschsalon aussehenden Lokal verrät es: Hier zaubert Küchenchef Mak Pui Gor die preiswertesten mit einem Michelin-Stern prämierten Gerichte der Welt. Die Dim-Sum kosten nur – kaum zu glauben – zwischen 10 und 15 HK-$.

WEITERE INFORMATIONEN

Hongkong Tourism Board (HKTB):
Humboldtstr. 94, D-60318 Frankfurt/Main, Tel. 069-959 12 90.
Mehrsprachige Infohotline:
Tel. 008 52-25 08 12 34, tgl. 9–18 Uhr.
www.discoverhongkong.com,
www.gohk.gov.hk/eng

36 Macau

Nahtstelle von Christentum und Ahnenkult

Lässt Hongkong in die Zukunft blicken, so ist Macau ein Fenster in die Vergangenheit. Besucher der ehemaligen portugiesischen Kolonie, die als letzte europäische Besitzung in Asien 1999 an die VR China zurückgegeben wurde, erleben eine geradezu lusitanische Stimmung. Nicht nur wegen der alten Bausubstanz und der vielen Motorroller.

Der Leal Senado im Herzen Macaus mit der Santa Casa da Misericórdia am Abend (Mitte). Das traditionsreiche Casino Lisboa leuchtet mit den anderen Casinos bei Einbruch der Dunkelheit um die Wette (unten). Das Wahrzeichen der Stadt ist die Fassade der Ruinas de Sao Paolo (rechts).

Auf der Suche nach einem Standort in China waren die Portugiesen erstmals 1553 auf der kleinen Halbinsel Macau gelandet. Ab 1557 durften sie sich hier niederlassen. Einen Vertrag, der ihnen den Aufenthalt garantierte, hat es wohl nie gegeben. Portugal zahlte Pacht für Grund und Boden sowie Handelssteuern an die chinesische Regierung. Im Gegenzug wurde die kleine Kolonie mit den zwei vorgelagerten Inseln Taipa und Coloane für die Europäer 300 Jahre lang zum Sprungbrett nach China. Mit der Gründung Hongkongs schwand seine Bedeutung rapide.

Macau beschränkte sich geschickt darauf, Lücken zu füllen: Als England den Sklavenhandel verbot, wurde er zwischen 1845 und 1874 hierher verlegt. Als in Hongkong 1871 das Glücksspiel verboten wurde, wanderte es ebenfalls hierher aus. Macau zog damit das große Los. Noch im 21. Jahrhundert bilden die Casinos die Haupteinnahmequelle der Stadt, die wegen ihrer schönen kolonialen Kulisse 2005 ins UNESCO-Welterbe aufgenommen wurde.

Tempel des Glücks

Schon bei der Ankunft am Fährterminal von Macau muss man durch ein Spalier von Casino-Angestellten, die darauf aus sind, die Ankömmlinge zu den Bussen zu lotsen, die direkt zu den Spielcasinos fahren – denn das in China und in Hongkong verbotene Glücksspiel ist für die meisten Chinesen der einzige Grund herzukommen.

Ein echter Markstein ist das 1970 erbaute Hotel de Lisboa geblieben. Seine orangefarbenen Türme erinnern an Hochzeitstorten, symbolisieren aber eigentlich Roulettetische. Ebenso schwelgt das Innere des rund um die Uhr geöffneten glitzernden Casinos in amerikanisch-asiatischem Kitsch. Dem Casino Tycoon Stanley Ho gehört auch das 2007 eröffnete monumentale Grand Lisboa gleich daneben, dessen die Stadt beherrschende Architektur einer Lotosblüte nachempfunden ist. Dafür wirkt das mit 1,2 Millionen Leuchtdioden bestückte Entrée wie ein überdimensionales Fabergé-Ei, das für den auf die Spieler wartenden Reichtum steht.

In Macau liegen das koloniale Flair des Leal Senado (oben), glitzernder Luxus des Grand Lisboa (Mitte) oder Casino Lisboa (rechts unten) dicht beeinander. Der Macau Tower (ganz rechts oben) blickt dagegen auf den alten A-Ma-Tempel (unten). Das pompöse Casinohotel Venetian Macau auf Taipa (oben rechts).

Mediterrane Eleganz

Nicht weit vom Talmiprunk des Hotel de Lisboa trifft man auf den malerischen, von wunderbar restaurierten Kolonialgebäuden umfassten Largo do Senado, den zentralen Platz Macaus. Die frischen Pastellfarben der Bauwerke verleihen dem Largo do Senado eine mediterrane Leichtigkeit. Unter den schattenspendenden Arkaden der meisten Gebäude laden gemütliche Restaurants zum Verweilen ein und schmucke Läden zum Shoppen. Ein Blickfang ist die prächtige weiße Renaissancefassade der Santa Casa da Misericórdia (Heiliges Haus der Barmherzigkeit). Die Geschichte dieses Bauwerks geht bis in die Anfänge Macaus zurück. Die nordwestliche Ecke des Largo do Senado wird von der Igreja de São Domingos geziert; die Kirche ist ein vollendetes Beispiel barocker Baukunst aus dem 17. Jahrhundert.
Das untere Ende des Largo do Senado wird vom Leal Senado abgeschlossen. Dieses villenähnliche, 1784 im portugiesischen Kolonialstil errichtete Gebäude war der Sitz des aus Geschäftsleuten, geistlichen und weltlichen Honoratioren gebildeten Senats. Seit 1583 beriet der Senat den Gouverneur. Ab dem 17. Jahrhundert fungierte er als Kolonialregierung, wurde aber 1833 zum Stadtrat und schließlich zur Stadtverwaltung herabgestuft. Ihren Namen »Loyaler Senat« erhielt diese Körperschaft, weil sie als Einzige der portugiesischen Überseebesitzungen auch während der spanischen Besetzung Portugals von 1580 bis 1640 stets nur die portugiesische Flagge gehisst hatte. Besonders sehenswert ist der kleine Innenhof mit seinen typischen Azulejo-Kacheln; Bibliothek und Ratssaal sind Meisterwerke der Innenarchitektur mit reich verzierten Holzpaneelen, Holzschnitzereien und antiken Möbeln.
Südlich vom Leal Senado führt eine Straße nach wenigen Metern zur Igreja de Santo Agostinho, einer schmucken, ganz in Gelb getünchten Kirche der Augustiner aus dem 19. Jahrhundert. Auf dem Kirchplatz befinden sich noch weitere interessante Gebäude wie das pastellgrüne Teatro de Dom Pedro V, das 1857 bis 1859 im neoklassizistischen Stil eines europäischen Hoftheaters errichtet wurde. Es war das erste europäische Opernhaus auf asiatischem Boden. Weitere schöne Gebäude sind die Villa Flora der Jesuiten rechts neben der Kirche, die Casa Ricci auf der anderen Seite und die Biblioteca Sir Robert Ho Tung.

Eine Ruine als Wahrzeichen

Über die vom Largo do Senado nach Norden führende Rua da Palha mit ihren

von kleinen Läden vollgestopften Seitengassen gelangt man zur Rua de São Paolo, einer gepflasterten Geschäftsstraße, die geradewegs auf eine mächtige, elegante Freitreppe zuläuft. Diese führt auf eine ausladende Terrasse, auf der sich Macaus Wahrzeichen erhebt: Ruinas de São Paolo. Mit dem Bau der einstmals mächtigsten Kathedrale im Fernen Osten wurde 1602 begonnen. Eine Feuersbrunst im Jahr 1835 ließ von dem Gotteshaus nur die Vorderfassade übrig. Gleich in der Nachbarschaft erhebt sich die Fortaleza São Paolo do Monte, deren Kanonen auf die Hafeneinfahrt gerichtet sind. Das Fort war ein Teil der Anlage der Jesuiten und Bestandteil der Stadtmauer, die zum Schutz gegen die aggressiven Niederländer erbaut worden war. Heute befindet sich im Fort das Museu Macau mit Ausstellungen zur Geschichte und Kultur der Stadt.

Göttin der Seefahrer

Die wichtigste Sehenswürdigkeit im Süden Macaus ist zweifellos der A-Ma-Tempel. A Ma ist die Entsprechung von Tin Hau, der Göttin der Seefahrer in Hongkong bzw. der Göttin Mazu in der Provinz Fujian. Kurzerhand verlegten die Einwohner Macaus die Geschichte Mazus in ihre Gegend. Die Göttin soll eine Dschunke, die auf dem Weg nach Guangzhou in einen gefährlichen Taifun geraten war, sicher nach Macau geleitet haben. Danach bestieg A Ma einen Hügel und verschwand gen Himmel; die Geretteten nannten daraufhin die Landzunge A Ma Gao, »Bucht der A Ma«. Zu Füßen des Hügels wurde ihr zu Ehren im 14. Jahrhundert ein Tempel errichtet, er ist somit der älteste der Stadt. Gleich gegenüber dem Tempel befindet sich das Museu Marítimo, ein ganz hervorragendes Schifffahrtsmuseum.

MACAU ERLEBEN

Die schmucke Pousada de São Tiago (Avenida da República, Fortaleza de São Tiago da Barra, Tel. 008 53-28 37 81 11, www.saotiago.com.mo., DZ ab 5000 MOP-$) wurde auf den Ruinen des einstmals wichtigsten Forts der Stadt gebaut, der 1629 gegründeten Fortaleza de Barra. Die zwölf wunderschönen Suiten bieten ihren Gästen ein Stück genuines Macau.

Mit einer Höhe von 336 Metern steht der Macau Tower ganz im Süden der Penha-Halbinsel. Es gibt jeweils eine Aussichtsplattform in der 58. und 61. Etage (Mo–Sa 10–21, So 9–21 Uhr, 100. Berüchtigt ist der Skywalk in der 61. Etage auf einer Höhe von 233 Metern: Mutige können hier in Gurten angeschnallt den Turm umrunden (588 MOP-$). Wer noch mehr Adrenalin ausschütten möchte, kann sich mit 75 km/h um den Turm schwingen lassen (1288 MOP-$).

WEITERE INFORMATIONEN

Fremdenverkehrsbüro Macau: Schenkendorfstraße 1, 65187 Wiesbaden, Tel. 06 11-267 67 30.

Macau Government Tourist Office: Largo do Senado, Tel. 008 53-83 97 11 20. www.macau-info.de

Die Schifffahrt auf dem Li-Fluss gehört zu den beliebtesten Ausflügen Chinas (Mitte). Abends wird der Elefantenrüsselberg in Guilin bunt erleuchtet (unten). Kormoranfischer auf dem Yulong-Fluss bei Yangshuo (unten rechts). Eingangsbereich zur Impression Liu San Jie in Yangshuo (oben rechts).

37 Guilin

Märchenwelt der Karstkegel

Auf Chinas meistbesuchte Stadt wurden hymnische Lobpreisungen gedichtet: Seine faszinierende Karstlandschaft gilt als das Paradies auf Erden. Doch eigentlich präsentiert sich die von unzähligen Karstkegeln modellierte Landschaft im kleinen, deutlich gemächlicheren Städtchen Yangshuo noch pittoresker. Zudem ist dessen Umgebung ein Eldorado für Naturliebhaber.

Die Traumlandschaft um Guilin verdankt ihr bizarres Aussehen einer nahezu 200 Millionen Jahre andauernden geologischen Laune. Das einstige Urmeer im Bereich des Sichuan-Beckens und der Gebiete südlich des Yangzi (Chang Jiang) hinterließ nach seinem Zurückweichen mächtige Sedimentablagerungen. Mit der Anhebung der Erdkruste brachen die Kalkformationen auf und schichteten sich um. Den Rest besorgten Erosion und Regen, die schließlich die vielgestaltigen Karstlandschaften Südchinas schufen.
Guilin bedeutet Osmanthusblüten-Wald. Solche Wälder breiteten sich einst um die ganze Stadt aus. Auch heute noch säumen Osmanthus-Bäume die Straßen und verbreiten im Spätsommer einen intensiven Duft. Die Stadt selbst ist attraktiv mit schönen, abends bunt beleuchteten Parks sowie charmanten Uferpromenaden. Zudem bieten verschiedene Karstkegel innerhalb des Stadtgebiets spektakuläre Ausblicke. Die bekanntesten Berge sind der 152 Meter hohe Gipfel der Einzigartigen Schönheit im Zentrum, der Elefantenrüsselberg am Ufer des Li-Flusses und der Wellenbezwingende Berg.

Seenlandschaften und Parks

Die Seenlandschaft aus Rong Hu und Shan Hu bildete einst den Stadtgraben, der die innere Stadtmauer umgab. Deren letzter Rest ist das alte, tunnelähnliche Südtor (Gu Nanmen) auf der Ronghu Lu. Heute werden die Seen von hübschen Steinbogenbrücken überspannt. Auf den Kanälen, die mit dem Li-Fluss verbunden sind, und den Seen schippern heute die Ausflugsboote.
Östlich des Li-Flusses breitet sich der Sieben-Sterne-Park (Qixing Gongyuan) aus, Guilins größtes städtisches Areal mit Kalksteinformationen. Mit einer Hand voll kleinerer bewaldeter Gipfel, einer großen Höhle und sogar einigen halbwilden Affen ist der Park ein überaus reizvolles Naherholungsgebiet. Ein anderer Abstecher führt in den Nordwesten der Stadt zur viel besungenen Schilf-

rohrflöten-Höhle (Ludi Yan), einer nahezu 600 000 Jahre alten Tropfsteinhöhle in 240 Metern Tiefe, deren Name vom hierorts wachsenden Schilf abgeleitet ist.

Ein königlicher Palast

Guilin bietet nicht nur sensationelle Natur, sondern auch ein kulturelles Erbe. Während der Ming-Dynastie (1368 bis 1644) war es Hauptstadt der Militärkolonie Guangxi unter Führung von Zhu Shouqian, einem Großenkel des ersten Ming-Kaisers Zhu Yuanzhang. Zhu Shouqian wurde König von Jingjiang genannt und residierte in einem 1372 erbauten Palast zu Füßen des Duxiu-Berges. Die Palaststadt (Wangcheng Jingqu) ist gut erhalten und heute Sitz der Pädagogischen Hochschule von Guangxi.

Yangshuo

Für chinesische Landschaftsmaler muss eine perfekte Szenerie drei Merkmale aufweisen: Berge, die sich abrupt aus der Landschaft erheben, Flüsse und Bäche, die zwischen den Bergen mäandrieren und ein sich in sanften Wellenlinien erstreckendes Hügelland, das die Erhabenheit der Berge erst zur vollen Wirkung bringt. Das chinesische Wort dafür heißt *shanshui*, »Berge und Gewässer«, und die Umgebung von Yangshuo entspricht ganz genau diesem *shanshui*. Deswegen bricht einmal am Tag in Yangshuo die Hölle los, wenn hier am frühen Nachmittag nach der vierstündigen Li-Flussfahrt die Ausflugsschiffe anlegen. Einer nicht enden wollenden Armada gleich docken sie an und spucken Tausende von Gästen aus. Es ist nicht weiter verwunderlich. Nirgendwo sonst erlebt man die Landschaft, für die Guilin so berühmt ist, so ästhetisch konzentriert wie hier, wo man sogar über einsame Wirtschaftswege von Dorf zu Dorf wandern kann.

DIE NATUR ALS GROSSE BÜHNE

Der mehrere Hektar große Skulpturenpark Yuzi Paradise (Yuzi Leyuan), 28 Kilometer südlich von Guilin im Bezirk Yanshan, versammelt über 140 Skulpturen von Bildhauern aus 47 Ländern. Gegründet wurde das Kunstmuseum 1996 vom taiwanischen Unternehmer Tsao Rhy-Chang, der in der reizvollen Umgebung der Karstberge Kunst und Natur zu einer Einheit verschmelzen wollte. Erst seit 2006 ist der faszinierende Kunstpark ganzjährig für die breite Öffentlichkeit zugänglich. Vom zentralen Busbahnhof in Guilin fährt alle 20 Minuten ein Bus (5 Yuan) zum Park (tgl. 8:30–19 Uhr, Eintritt 100 Yuan).

Jeden Abend findet am Li-Fluss in Yangshuo die große Show »Impression Liu San Jie« statt, ein Open-Air-Lichtspektakel mit Gesang und Tanz, das von dem bekannten Filmregisseur Zhang Yimou inszeniert wurde und von einem Ensemble aus über 600 Kormoran-Fischern, Minderheiten-Frauen und Kindern dargeboten wird. Eintritt je nach Platz ab 180 Yuan.

WEITERE INFORMATIONEN

Guilin Tourism Bureau: 14 Ronghu Beilu, Info-Hotline Tel. 07 73-280 03 18, tgl. 8:30–22 Uhr.
www.guilin.com.cn, www.guilinchina.net

Bis zu den Gipfeln hinauf ziehen sich die Drachen-Wirbelsäulen-Terrassen bei Longsheng (Mitte), die auch ein Siedlungsgebiet der Dong sind (unten). Ein Meisterwerk ist die Wind-und-Regen-Brücke von Chengyang (rechts unten). Rund um den Katzenberg gibt es noch viele traditionelle Dörfer (rechts oben).

38 Longsheng

Märchenwelten in Nord-Guangxi

Im Nordwesten Guilins gehen die Karstkegel in wilde Bergregionen mit Schluchten, Fluss- und Karstlandschaften über, in denen sich malerische Dörfer der Dong, Yao und Miao verstecken. Nur selten erlebt man Natur und Kultur in China so authentisch wie an den Rändern des Huaping-Naturreservats in der Umgebung von Longsheng.

Das Huaping-Naturreservat im Nordwesten Guangxis erstreckt sich auf einer Höhe von 1200 bis 1600 Meter und umfasst ein 130 Quadratkilometer großes Areal. Das 1961 eingerichtete Naturschutzgebiet ist die Heimat einiger überaus seltener Pflanzen und Tiere. So wurde hier 1950 die Cathay-Silberfichte entdeckt, die bis dahin als ausgestorben galt und nur als Versteinerung aus deutschen Museen bekannt war. Weltweit kommt der Baum nur noch in dieser Gegend und in den Jinfo-Bergen der Provinz Sichuan vor, wobei man die Gesamtzahl auf nur mehr 400 bis 1000 Exemplare schätzt. In den immergrünen Regenwäldern leben so seltene Tiere wie der Silberfasan, der bis zu zwei Meter lange Riesensalamander, der Moschus-Hirsch oder der Südchinesische Tiger.

Landschaft der Superlative

Man befindet sich hier inmitten eines weiten Territoriums, das von den Völkern der Zhuang, Yao, Miao und Dong bewohnt wird. Deren Dörfer und nicht zuletzt die von den Bewohnern angelegten terrassierten Reisfelder prägen das Landschaftsbild. 20 Kilometer südöstlich von Longsheng, an der nördlichen Peripherie des Huaping-Naturreservats, legten die hier siedelnden Zhuang mit den Drachen-Wirbelsäulen-Terrassen (Longji Titian) einige der beeindruckendsten Reisterrassen-Landschaften Chinas in den steilen Berghängen an.

Im Zentrum der Landschaft liegt das über 600 Jahre alte Dorf Ping'an, das einen idealen Ausgangspunkt für Wanderungen bildet. Ping'an ist ein schönes, durch den Tourismus etwas aus den Fugen geratenes Zhuang-Dorf mit Holzhäusern und kopfsteingepflasterten Gassen, das sich in eine steile Schlucht zwischen Reisterrassen schmiegt. Vom Dorf aus gibt es ausgeschilderte Rundwanderwege durch die Reispflanzungen, aber sehr viel mehr an vielfältigen Eindrücken bietet die fünfstündige Wanderung nach Dazhai.

Lange Zeit hat es gedauert, bis auch die reizvoll gelegenen heißen Quellen von Longsheng als Besuchermagnet ent-

deckt wurden. Mittlerweile sind bei ihnen zahlreiche Hotels gebaut worden, und es ist ein durchaus angenehmes Erlebnis, im Freien, umgeben von bewaldeten Bergen, in den Quellbecken zu sitzen und sich von den Wanderungen zu entspannen.

Meisterwerke der Dong

Immer wieder sieht man von der Straße aus die wundervollen, stets kunstvoll überdachten Wind-und-Regen-Brücken der Dong. Die wohl sehenswerteste befindet sich circa 40 Kilometer von Sanjiang entfernt nahe der Ortschaft Chengyang. Die vor tropischen Wolkenbrüchen Schutz bietende Brücke wurde nach zehnjähriger Bauzeit 1916 fertiggestellt. Insgesamt misst sie eine Länge von 76 Metern und besitzt fünf aufwendig gestaltete Pavillons mit je vier Dachebenen. Die Pavillons an den beiden Enden der Brücke wurden wie Paläste gestaltet, die drei mittleren wie Pagoden. Alle fünf Aufbauten werden von einer Glück und Harmonie symbolisierenden flaschenkürbisähnlichen Spitze gekrönt. Die Dachfirste zieren ebenfalls Flaschenkürbisse und schildkrötenähnliche Figuren, die nach oben gebogenen Dachvorsprünge stellen »Unsterblichkeitsvögel« dar.

Eine architektonische Besonderheit in der Umgebung von Sanjiang, westlich von Longsheng gelegen, sind die überall in den Siedlungsgebieten der Dong zu findenden Trommeltürme, von denen der Mapang-Trommelturm am eindrucksvollsten ist.

Wie die Wind-und-Regen-Brücken werden die Trommeltürme ebenfals ohne Verwendung von Nägeln aus Fichtenholz erbaut. Die Türme dienen den Dong als Versammlungshäuser und fassen je nach Größe 100 bis 200 Menschen. Das Schlagen der Trommel ruft die Dorfgemeinschaft zusammen, daher stammt auch der Name.

AUF DEM KATZENBERG

Östlich von Longsheng ist der Katzenberg (Mao'er Shan) mit seinen 2142 Metern der höchste Berg der autonomen Region Guangxi. 15 000 Hektar Wald wurden unter Naturschutz gestellt. So sieht man z. B. in 1800 Metern Höhe Hemlock-Tannen, große formvollendete Bäume mit dicht gewachsenen Nadeln. Sie gelten als lebende Fossilien, die heute nur noch in China vorkommen; auf dem Mao'er Shan haben sich rund 1500 Exemplare erhalten. Nicht weit vom Zugang zu dem Tannengebiet entspringt die Quelle des berühmten Li-Flusses. Kein dramatisches Naturphänomen, bloß ein paar plätschernde Bäche im Unterholz. Ob des wenigen Wassers drängen sich Zweifel auf, wie auf dem Fluss nur wenige Kilometer talwärts Hunderte Ausflugsschiffe fahren können.
Auf den Gipfel führt ein 15 Kilometer langer Wanderweg. Oben kann man übernachten und am nächsten Morgen bei klarem Wetter eine fantastische Aussicht über die unendliche Bergwelt Guangxis genießen.

WEITERE INFORMATIONEN

Es gibt keine offiziellen Infostellen, aber die meisten Hotels bieten Prospektmaterial über Wandermöglichkeiten in den Terrassen und weitere Ausflugsmöglichkeiten.

39 Hainan

Tropenparadies im Golf von Tongking

Ein Klima wie in der Südsee, reizvolle Strände, ein schönes Hinterland und eine spezielle Kultur sind die Trümpfe, die Chinas große Tropeninsel ausspielt. Zum Hawaii Chinas möchte die Provinzregierung Hainan gerne entwickeln, ein hochgestecktes Ziel, das noch lange nicht erreicht ist. Mondäne Strandhotels bieten aber bereits jetzt ein perfektes Urlaubsambiente.

Die Sandstrände von Sanya sind die Hauptattraktion Hainans (Mitte). Der Tempel der Fünf Würdenträger erinnert an die nach Hainan verbannten Beamten (unten). Resorts wie das Sanya-Hilton bieten perfektes Urlaubsambiente (rechts unten). Palmen ohne Ende im Dongjiao-Kokosnuss-Wald (rechts oben).

Bis 1987 war Hainan, die größte Insel der Volksrepublik, noch Teil der Provinz Guangdong und teilte auch in vielem deren Geschichte. Aber während Hafenstädte wie Guangzhou oder Shantou zu reichen Handelszentren aufstiegen und sich auch ihr jeweiliges Hinterland stetig entwickelte, diente das unwirtliche, von diversen Minderheiten bewohnte Eiland noch in der Qing-Dynastie (1644–1911) als Verbannungsort, von dem es meist keine Wiederkehr gab. Als »Tor zur Hölle« bezeichnete ein exilierter Premierminister Hainan in der Tang-Zeit (618–907), und so wurden die Li, die seit vermutlich 3000 Jahren die rund 343 000 Quadratmeter große Insel besiedeln, und die später hinzugekommenen Miao, Han und andere Völker meist in Frieden gelassen.

1988 wurde Hainan zur eigenständigen Provinz und größten Sonderwirtschaftszone Chinas erklärt. Die Politik der neuen Provinz folgte dem Slogan »Dreimal niedrig und dreimal frei«, d.h. niedrige Steuern, niedrige Grundstückspreise und niedrige Lohnkosten, freies Kommen und Gehen für Arbeitskräfte, freier Geld- und Warenstrom. Freier Zuzug von Ausländern. Das verhalf Hainans Wirtschaft zu einem Kickstart. Es ist ein deklariertes Ziel, Hainan zu einem zweiten Taiwan zu machen. Dem Titel »Hawaii Chinas« ist man mit der Erschließung der schönen Strände bei Haikou und in Sanya schon ein gutes Stück gerechter geworden.

Die Hauptstadt der Verbannten

Zwar gibt es zahllose Flüge direkt nach Sanya, der Baderegion im Süden der Insel, aber auch Haikou, die lebensfrohe Hauptstadt Hainans und dessen kulturelles, wirtschaftliches und politisches Zentrum lohnt einen Besuch. Zwar erinnert nur wenig noch an Haikous Geschichte, vielleicht ist das aber auch besser so. Es war vor allem die Geschichte von Verbannten, die nur eines wollten: der Malariahölle zu entkommen. Insgesamt fünf ehemalige Minister und Beamte der Tang- und Song-Zeit (618–1279) wur-

den hierher verbannt. Sie alle vereinte eines: Sie waren erfolgreich, hatten die Stirn gehabt, ihren Kaisern zu widersprechen und sind den Ränkespielen bei Hofe zum Opfer gefallen. 1889 wurde ihnen mit dem Tempel der Fünf Würdenträger (Wugong Ci) ein Ahnentempel geweiht. Auf demselben Gelände steht auch der Ahnentempel von Su Dongpo (Sugong Ci, 1037–1101), des ebenfalls hierher verbannten berühmtesten Dichters der Song-Zeit.

Das Hawaii Chinas

Sanya ist das Hauptziel aller Sonnenhungrigen. Die Stadt selbst wird von Karaoke-Bars, Massage-Salons und Restaurants auf Trab gehalten, die rund um die Uhr geöffnet haben. Der beste Strand in Stadtnähe ist der Dadonghai-Strand. Wer einfach nur einen schönen Strand und Erholung sucht, sollte auf alle Fälle zur Yalong-Bucht (Yalong Wan) fahren, die herrlich lange, rein weiße Strände bietet. Hier reihen sich auch die schönsten Urlaubsresorts aneinander. Ein weiterer attraktiver, allerdings ausgesprochen touristischer Strand ist Tianya Haijiao, der als Ausflugsziel ausgebaut worden ist. Die hier vom Meer umspülten großen, schön geformten Felsen sind stets von Trauben fotografierender Chinesen belagert. Wohl auch deshalb, weil dieses Meeresdreieck (Hai Jiao) der südlichste Zipfel Chinas ist, nimmt man die umstrittenen Spratly-Inseln aus. In einem großen Park wurden Gebäude der Li und Miao aufgebaut, wo Ausstellungen zum Leben dieser Ethnien gezeigt werden.

KOKOSPALMEN UND SANDSTRÄNDE

Der Ferienstrand von Haikou und die Strände von Sanya sind sehr gut erschlossen, doch gibt es noch viele Geheimtipps. Ein schöner Ausflug führt von Haikou nach Osten über Wenchang nach Qinglan. Wenchang diente als Rückzugsgebiet für Schmuggler, die von hier aus die Häfen Südostasiens ansteuerten. Je nach wirtschaftlicher Lage betätigte sich ihre Besatzung als Händler oder Piraten. Vom Hafen in Qinglan gibt es Fähren zur eigentlichen Attraktion Wenchangs, dem Dongjiao-Kokosnusswald (Dongjiao Yelin). Mit dem Taxi kann man direkt bis zu den Kokosnussplantagen fahren, die seit Jahrhunderten kultiviert werden. Heute stoßen aber die herrlichen, noch wenig besuchten Strände auf mehr Interesse. Ein ordentliches und noch wenig überlaufenes Hotel ist das Hainan Prima Resort mit einfachen bis luxuriösen Bungalows direkt am Strand (Dongjiao Yelin Bay, Tel. 08 98-63 53 82 22, www.hainanprimaresort.com, DZ ab 288 Yuan, Bungalows ab 488 Yuan).

WEITERE INFORMATIONEN

www.haikoutour.gov.cn, www.hainandiscovery.com, www.tourhn.com, www.sunnysanya.com

Das Kloster Drepung war eines der staatstragenden Klöster Tibets (oben). Ein Angehöriger der Aini in Yunnan bläst auf einem Musikinstrument seiner Volksgruppe (Mitte). Aufgang zu einem Tempel am Emei Shan (unten). Pavillon am Teich des Schwarzen Drachen in Lijiang (rechts).

Der Südwesten

Am stilvollsten genießt man den Tee während der Pfirsichblüte (Mitte). Stets belebt: die Fußgängerzone Chunxi Lu im Zentrum der Stadt (unten). Geerntet wird der Tee auf Plantagen im Südwesten Sichuans (rechts oben). In Chengdus Teehäusern werden Zubereitung und Servieren regelrecht zelebriert (rechts unten).

40 Chengdu

»Warenhaus des Himmels«

Die uralte Handelsstadt Chengdu, Hauptstadt der Provinz Sichuan, hat sich zwar radikaler modernisiert als die meisten anderen Städte China Aber immer noch bietet sie das typische Flair Südwestchinas mit gemütlichen Teehäusern, buddhistischen und daoistischen Heiligtümern und einem eindrucksvollen Alltagsleben.

In Chengdu endete der alte Pfad von Chinas Hauptstadt Chang'an ins Königreich Shu (221–261), dessen Grenzen sich ungefähr mit denen des heutigen Sichuan decken. Die Gefährlichkeit der Strecke gab Anlass zu zahllosen Gedichten und Erzählungen. Auch der berühmte Tang-Poet Li Bai verfasste für einen nach Sichuan in die Verbannung geschickten Freund einen Vers: »Die Straße nach Shu: Ein Felspfad soll es sein, / Nicht leicht zu gehen, wie dir die Leute sagen, / Gebirge vor dem Antlitz des Wanderers ragen, / Wolken hüllen den Kopf des Pferdes ein.«
Chengdu wurde bereits im 3. Jahrhundert vor Christus am Kreuzungspunkt der Handelswege, die nach Yunnan, Myanmar und Nordostindien, nach Guizhou und Guangdong sowie in alle weiteren wichtigen Regionen des chinesischen Reichs und nach Tibet führen, gegründet, und konnte zeit seines Bestehens den lukrativen Handel kontrollieren. Wer immer also in Chengdu die Macht hatte, konnte unermesslich reich werden. Und so weckte die Stadt immer wieder die Begierde von Eroberern, die hier ihre Unabhängigkeit von China deklarierten.

Brokat, Tee und Bücher

Seit der Han-Zeit als Zentrum der Brokatweberei berühmt, trug Chengdu den Beinamen »Warenhaus des Himmels«. Die kostbaren Stoffe wurden seit dem 2. Jahrhundert vor Christus bis nach Zentralasien und sogar an die Ostgrenzen des Römischen Reiches geliefert. Ein anderes Haupthandelsgut wurde der Tee. Seit der Tang-Dynastie war das Teetrinken in Mode, und die Teesteuer wurde zu einer der einträglichsten Einnahmequellen überhaupt. Auch sonst waren die Sichuaner immer dabei, wenn neue Erfindungen hohe Einnahmen versprachen. Nach Aufkommen der Drucktechnik wurde Chengdu im 11. bis zum 13. Jahrhundert eines der großen Buchdruckzentren China Hier wurde auch das erste Papiergeld gedruckt, ein bequemes Mittel kaiserlicher Budgetsanierung, die kurz darauf in eine verheerende Inflation mündete.

In der Jin Li (oben), dem Teehaus im Manjushri-Tempel (Mitte), im Wuhou Ci (rechts unten) und selbst beim Shoppen im alten Händlerviertel (ganz rechts oben) erlebt man das echte Chengdu. In der Panda-Zuchtstation gibt es auch Kleine Pandas (unten). Treppen führen auf den daoistischen Qingcheng Shan (oben rechts).

Entdeckungen in der »Hibiskus-Stadt«

Seinen heutigen Grundriss erhielt Chengdu im 14. Jahrhundert. Die Einwohner waren selbstbewusst genug, ihrer Stadt den Namen »Vollendete Hauptstadt« (Chengdu) zu geben. Die alte »Hibiskus-Stadt«, so ein anderer schmückender Beiname, ist heute eine moderne Großstadt und eines der großen Wirtschaftszentren Südwestchina Das Viertel rund um die Chunxi Lu und Zongfu Jie ist das Schaufenster der Stadt, die hier ihre geballte Konsumkraft demonstriert. Vor allem abends verwandeln sich die dann grell erleuchteten Fußgängerzonen zu Flaniermeilen.

Ein schöner Ausgangspunkt für die Erkundung des alten Chengdu ist der im Südwesten gelegene Ahnentempel des Fürsten Wu (Wuhou Ci), so der posthum verliehene Titel für den großen Militär Zhuge Liang, dessen überragendes strategisches Geschick König Liu Bei nach 220 zur Herrschaft im Königreich Shu verhalf. Gleich rechts vom Tempel zieht sich die Jin Li an der Tempelmauer entlang. Solche Gassen waren noch vor einem Jahrzehnt typisch für Chengdu. Leider ließ der Magistrat die gewachsene alte Straßenstruktur abreißen. Erst als das alte Stadtbild verschwunden war, erinnerte man sich an das verschleuderte Erbe. Nun hat man damit begonnen, einige wenige Gassen für den Tourismus zu rekonstruieren. Gegenüber vom Wuhou-Tempel breitet sich das tibetische Viertel au Hier wimmelt es von Tibetern, die mit Landesprodukten wie Bernstein- und Türkisschmuck, Gebetsmühlen und anderem mehr glänzende Geschäfte machen.

Ein wenig Philosophie

Der daoistische Tempel der Grünen Ziegen (Qingyang Gong) im Westen der Stadt wurde vermutlich in der Tang-Zeit gegründet. Er gehört zu den größten daoistischen Sakralanlagen in der Region von Chengdu. Einer Legende nach soll Laozi einst einen Freund gebeten haben, ihn an dieser Stelle zu treffen. Als der Freund kam, erblickte dieser allerdings nicht den Weisen, sondern einen Jungen, der zwei Ziegen hütete. Philosophisch bewandert folgerte der Freund, dass es sich bei dem Jungen um Laozi handeln müsse, denn alles Sichtbare sei nur Schein. Zum Gedenken an diese Erleuchtung wurde der Tempel gebaut. Berühmt ist auch die Strohhütte des Du Fu (Du Fu Caotang) westlich des Tempels der Grünen Ziegen. Nachdem der große Dichter seines Beamtenlebens in Chang'an (Xi'an) überdrüssig geworden war, hatte er sich 759 nach Chengdu zurückgezogen, um hier in einer einfachen Strohhütte zu leben. Dort verfasste er in nur vier Jahren über 240 der 1400 von ihm erhaltenen großartigen Gedichte, die zur Weltliteratur zählen.

Im Nordosten der Stadt lohnt noch ein Besuch des Manjushri-Tempels (Wenshu Yuan). Der im 6. Jahrhundert gegründete Tempel, der mitten in einem im alten Stil wieder aufgebauten Viertel steht, ist ein aktives buddhistisches Zentrum und Sitz der Chan-Buddhisten Sichuan

Pandas und Co.

Etwa zehn Kilometer nordöstlich von Chengdu liegt die weitläufige Zucht- und Forschungsstation für Große Pandas in einer riesigen Parkanlage. Hier bekommt man einen guten Einblick in das Leben des Großen Pandas und des auf Bäumen hausenden Kleinen Panda Man sollte früh kommen, am besten gegen neun Uhr, dann sind die Pandas aktiv, weil sie gefüttert werden.

Geburtsort des Daoismus

Im Westen, etwa 58 Kilometer von Chengdu entfernt, liegt die seit dem Jahr 2000 als UNESCO-Welterbe gelistete Kreisstadt Dujiangyan, die nach ihrer Bewässerungsanlage aus dem Jahr 250 vor Christus benannt wurde. Immer schon war der Min Jiang über seine Ufer getreten und hatte Ernten vernichtet. So ließ der Provinzgouverneur Li Bing in den letzten Jahren der Streitenden Reiche (481–221 v. Chr.) den Flusslauf teilen. Der »Äußere Fluss« nahm seinen Lauf wie zuvor zum Yangzi, während der »Innere Fluss« zu einem ausgeklügelten Kanalsystem ausgebaut wurde, das die Wassermassen des Min Jiang aufnehmen und zur Bewässerung über das Land verteilen konnte.

Die zweite Attraktion ist der heilige daoistische Berg Qingcheng Shan, einer der Geburtsorte des Daoismu Seine Verwandlung in einen heiligen Berg verdankt der Berg dem Gründer der daoistischen »Fünf-Scheffel-Reis-Sekte«, Zhang Daoling. Dieser sah sich als messianischen Revolutionär und Zaubermeister, dem sich die Geister der Luft, der Erde und des Wassers dienstbar machten. Von seinen Anhängern verlangte er einen Beitrag von fünf Scheffeln Reis, daher der Sektenname.

SHOPPEN UND GENIESSEN

Man sollte unbedingt die Gelegenheit nutzen, einmal durch die alten Händlerviertel zu streifen. Bekannt ist die Stadt für ihre Lackarbeiten, Stickereien, Brokat, Bambus- und Strohprodukte, Töpfer- und Stahlwaren, aber auch für Silberarbeiten; die meisten Läden und Kaufhäuser befinden sich entlang der Dongyu Jie, Xi Shuncheng Jie, Tidu Jie, Zongfu Jie, Dongfeng Jie und Chunxi Lu bzw. in deren Seitenstraßen. Haupteinkaufsstraße ist die Chunxi Lu, auf der es Arts-and-Crafts, Apotheken, Musikgeschäfte, Antiquitätenläden und viel anderes gibt.

Die Qintai Lu an der Ostseite des Kulturparks, die Kuan Zhai Xiangzi, ein traditionelles Viertel ein Stück westlich der Mao-Statue, die Jin Li gleich rechts vom Wuhou Ci und die Umgebung des Manjushri-Tempels wurden im alten Stil neu aufgebaut. Hier drängen sich die Läden mit Souvenirs, Tee, Tempelaccessoires und natürlich Restaurant Auch wenn man nichts kaufen möchte, der Bummel durch die gemütlichen Gassen lohnt sich allemal.

WEITERE INFORMATIONEN

Chengdu Travel Center: Xinnan Lu, im Xinnanmen-Busbahnhof, Tel. 028-85 48 23 23. www.chengdu.gov.cn, www.cdta.gov.cn

Auf 3077 Metern Höhe: der Tempel des Goldenen Gipfels auf dem heiligen Emei Shan (Mitte). Gelassen blickt der Große Buddha von Leshan, der Zukunftsbuddha Maitreya, auf den Min-Fluss (unten). Mitsamt Elefanten: die Skulptur von Samantabhadra, im Wannian-Tempel, auf dem Emei Shan (rechts unten). Auf dem Weg zum Xianfeng-Tempel (rechts oben).

41 Emei Shan

Der Berg der Vier Schönheiten

Berge haben im Buddhismus eine spirituelle Dimension. Der wandernde Pilger ist zur Beobachtung angehalten. Dass der Weg nach oben äußerst schweißtreibend ist, erinnert ihn daran, dass der Weg der Erkenntnis schwierig ist. Kaum ein anderer Berg vermittelt diesen Aspekt so eindrucksvoll wie der Emei Shan, der den Buddhisten seit dem 6. Jahrhundert als heilig gilt.

Schon immer glaubten die Chinesen, dass die Natur einen mystischen, unmittelbaren Einfluss auf die Geschicke der Menschen habe. In einem Land der Gebirge kam so den Bergen ein besonders hoher Stellenwert zu. Auf ihnen residierten die wichtigsten Götter. In der Zeit der Westlichen Jin (265–317) soll Bodhisattva Samantabhadra (der Ringsum Segensreiche), der Beschützer jener, die Buddhas Lehre predigen, auf einem riesigen Elefanten mit sechs Stoßzähnen reitend auf den Berg gestiegen sein. Seitdem gilt Samantabhadra (Puxian) als Schutzpatron des Emei Shan, der 1996 in die Liste des UNESCO-Welterbes aufgenommen wurde. Er ist von Chengdu aus bequem in nur zweistündiger Busfahrt zu erreichen.
Der ungewöhnliche Name »Berg der geschwungenen Augenbraue« (Emei Shan) ist eine poetische Anspielung. Die vier Gipfel des Berges sollen ursprünglich vier hübsche Frauen gewesen sein, die durch einen Fluch in die Gipfel verwandelt wurden. Die ersten buddhistischen Klöster am Emei Shan entstanden im 2. Jahrhundert, ihre Zahl stieg im Lauf der Zeit auf über 150 an, und nahm wieder ab, bedingt durch Verfall und Zerstörung. Heute sind noch rund 20 zu besichtigen. Der heilige Berg ist Ziel von nimmermüden Pilgern jeder Altersstufe, die in unübersehbarer Zahl den Gipfel aufsuchen.

Der lange Weg zum Gipfel

In der schroffen Gebirgslandschaft markieren die Klöster, große Zentren von architektonischer Pracht, den Weg hinauf zum Gipfel. Dazu wurden z. T. schon vor Jahrhunderten steile, scheinbar nie enden wollende Treppen angelegt. Am Emei Shan sind diese Treppen besonders steil und lang, da bis zur Spitze 2600 Höhenmeter zurückzulegen sind. Man kann über zwei Wege den 3099 Meter hohen Gipfel erreichen: einen nördlichen, 44 Kilometer langen Pfad, der interessanter ist, und einen südlichen längeren. Wer nicht laufen möchte, kann – eine Konzession an die

Moderne – natürlich auch Teile des Weges oder die gesamte Strecke mit Seilbahnen und Sesselliften zurücklegen.

Im Zeichen Samantabhadras

Wichtigster Tempel und Beginn des eigentlichen Aufstiegs über die Nordroute ist der Tempel der Ewigkeit (Wannian Si) aus der Jin-Dynastie. Dies ist der älteste unter den erhaltenen Tempeln. Er birgt die berühmte im Jahr 980 gegossene, knapp neun Meter hohe Statue des Schutzpatrons des Emei Shan, des Bodhisattva Samantabhadra mit seinem Elefanten. Zweimal im Jahr, zur Winter- und zur Sommersonnenwende, fallen durch ein Loch in der Tempelwand die Sonnenstrahlen genau auf die Stirn des Bodhisattva.

In einer Höhe von 2070 Metern trifft man auf den Elefanten-Badeteich (Xixiang Chi) mit einem angegliederten Tempel. Hier soll der Reitelefant des Bodhisattva Samantabhadra ein Erfrischungsbad genommen haben. In 3077 Metern Höhe endet der Weg beim Tempel des Goldenen Gipfels (Jinding Si). In der Zeit der Östlichen Han (25 bis 220) erbaut, wurde er häufig durch Blitzschlag zerstört und mühsam immer wieder errichtet.

Big Buddha

Abrunden kann man den Besuch des Emei Shan noch durch einen Abstecher zum majestätischen Großen Buddha von Leshan. Zwischen 719 und 803 arbeiteten zahlreiche buddhistische Mönche oberhalb des Zusammenflusses des Daduhe mit dem Minjiang die größte sitzende Buddha-Skulptur der Welt aus dem Fels herau Sie ist 71 Meter hoch, 15 Meter hoch misst der Kopf, die Ohren sind je sieben Meter lang. Und der große Zeh bietet einer kompletten Fußballmannschaft Platz.

EINE NACHT IM TEMPEL

Wer die gesamte Strecke zum Gipfel wandern möchte, benötigt mindestens zwei Tage für den Aufstieg. Das bietet Gelegenheit, unterwegs in einem buddhistischen Tempel zu übernachten. Es ist dabei für alle Ansprüche gesorgt, vom einfachen Schlafsaal bis hin zum komfortablen Doppelzimmer mit TV und Klimaanlage. Die Kosten variieren je nach Ausstattung. Schlafsaalbetten bekommt man bereits ab 20 Yuan, während man für ein einfaches DZ etwa ab 150 Yuan zahlt. Beliebte Tempel mit angeschlossenen Pilgerherbergen sind der Baoguo Si, Xianfeng Si, Elefanten-Badeteich, Hongchun Ping, Huayan Gipfel, Jieyin Halle, Woyun-Nonnenkloster und Wannian Si. In der Saison sind diese Unterkünfte schnell voll. Dann muss man sich entweder frühzeitig um ein Zimmer bemühen oder so lange weiter wandern, bis man irgendwo unterkommt. Über die Reisebüros in den Hotels kann man ein Zimmer reservieren lassen. Ein verlässliches Büro ist Chengdu Dreams Travel, www.dreams-travel.com.

WEITERE INFORMATIONEN

www.57emcom,
www.emsfj.com (auf Chinesisch)

Chinesische Touristen posieren für das Urlaubsfoto gerne in Trachten der Minderheiten (Mitte). Die terrassenförmigen Sinterterrassen von Huanglong (unten) und die Seen von Jiuzhaiguo sind durch Wasserfälle verbunden (rechts unten). Die Umgebung bei Songpan lädt zu Trekkingtouren ein (rechts oben).

42 Jiuzhaigou und Huanglong

Magische Landschaften

Steile bewaldete Hänge, tief eingeschnittene, grüne Täler, ein Fluss, der sich bergabwärts in Sinterbecken staut und spektakuläre Wasserfälle: Im Norden Sichuans breiten sich die beiden großen Naturschutzgebiete Jiuzhaigou und Huanglong aus, zwei grandiose Landschaften, die einen in ihren Bann ziehen, verzaubern und sich unvergesslich ins Gedächtnis eingraben.

Die eigentliche Attraktion des Jiuzhaigou-Nationalparks im hohen Norden der Provinz Sichuan ist eine Kette aus 108 kristallklaren Seen, die sich wie ein Collier um die alpine Bergwelt legen und mit smaragdgrünen Wäldern, bis zu 4700 Meter hohen schneebedeckten Gipfeln und dem azurblauen Himmel um die Wette glänzen. Fast zu schön wirken die 17 Wasserfälle, deren rauschende, oft steile Verläufe die einzelnen Seen untereinander verbinden. Am herrlichsten präsentiert sich Jiuzhaigou im Herbst, wenn die Laubwälder sich in flammendes Rot verwandeln, ein unvergleichliches Spiel der Farben!
Eine Erklärung für dieses Naturspektakel und die Entstehung der türkisblauen Seen gibt es nicht: Es handelt sich wohl um eine Art natürlicher, durch Gletscherwannen geformte oder durch Sedimentablagerungen gebildete Stauseen. Seit 1992 auf der Liste des UNESCO-Welterbes, wurde der Nationalpark im Jahr 1997 zum Weltbiosphärenreservat erklärt.

Wanderparadies

Man kann und sollte die Wege in Jiuzhaigou erwandern. Nur so erschließt sich die volle Schönheit der Täler. Doch es fahren auch Busse zu den wichtigsten Punkten. Der erste Abschnitt des Nationalparks führt von Goukou nach Nuorilang. 14 Kilometer ist diese Etappe lang und endet hinter den breiten, 30 Meter hinabstürzenden Wasserfällen von Nuorilang. Hier teilt sich der Weg, den Berg der Wonuosemo wie eine Y-förmige Kette umschließend. Weitere 17 Kilometer folgt der Wanderweg dem Verlauf des Tales nach Rizegou, bis er schließlich in den dichten Primärwäldern der Berge endet. Ein zweiter Strang führt 18 Kilometer von Nuorilang zum Langen See, der bereits 3100 Meter über dem Meeresspiegel liegt.

Im Tal des Gelben Drachen

Nicht weniger überwältigend ist der 110 Kilometer entfernte, 1983 eingerichtete Huanglong-Nationalpark. Die Straße windet sich bis auf Höhen von

4100 Meter, führt über weite Hochtäler, die, soweit das Auge reicht, von grasenden Dzos, einer Mischung aus Yak und Rind, gesprenkelt sind. Nicht weit vom Tempel des Gelben Drachen (Huanglong Si), der dem Park den Namen gab, kann man einen Abstecher zum Bön-Kloster Gamel machen. Er macht einem bewusst, dass man nicht nur in einem autonomen tibetischen Verwaltungsdistrikt reist, sondern dass auch die Ursprungsreligion Tibets hier noch lebendig ist.

Der landschaftliche Höhepunkt des Huanglong-Nationalparks sind seine kristallklaren Seen, die das gesamte, in mächtige, bis zu 5588 Meter aufragende Berge eingebettete Tal überziehen und fast wie Reisterrassen wirken. Eigentlich sind diese einzigartigen Seen ein Flusslauf, der sich seinen Weg über Sinterbecken in die Tiefe bahnt. Ursprünglich lag das Tal tief unter einem Gletscher begraben. Karbonat-gesättigte Schmelzwasser arbeiteten sich über die Jahrtausende durch Risse und Spalten des Untergrunds und hinterließen ein fantastisches Muster aus niedrigen, in den Karstboden geschnittenen weißen Dämmen, die das Wasser stauten und die glasklaren Seen formten.

Vom Eingang des Nationalparks führt ein neun Kilometer langer Wanderweg an den Teichen und Seen vorbei. Er endet am Huanglong-Tempel und dem nahen Fünf-Farben-Pool (Wucai Chi), der mit seiner aus 400 Einzelteichen bestehenden Anordnung die sicher spektakulärste Formation des Tals darstellt. Seine volle Farbenpracht, die durch das stark mineralhaltige Wasser hervorgerufen wird, entfaltet der Fünf-Farben-Pool allerdings nur bei klarem Sonnenschein.

PFERDETREKKING IN SONGPAN

Rund 60 Kilometer nordöstlich vom Huanglong-Nationalpark liegt die beschauliche Stadt Songpan. Es lohnt sich, auch hier einen Stopp einzulegen, denn Songpan ist der Startpunkt für interessante 2- bis 4-tägige Pferdetrecks in die fantastische Bergwelt der Umgebung. Ein verlässlicher Veranstalter mit vielen Jahren Erfahrung ist Shunjiang Horse Treks (Tel. 08 37-723 11 61 oder 723 12 01, Handy 013 909 04 35 13) an der Hauptstraße zwischen Busbahnhof und Nordtor. Die Kosten für eine Zwei- bis Viertagestour, je nach Ziel, belaufen sich auf ¥ 450 pro Person. Im Preis ist bis auf die Eintritte alles enthalten. Übernachtet wird in Zelten, und die Führer sind sehr aufmerksam. Man sollte sich aber auf extreme Kälte und fades Essen einstellen, sodass es sich empfiehlt, zusätzlich ein paar Snacks einzupacken. Die meisten Touren laufen problemlos ab, dennoch sollte man vorher unbedingt genau vereinbaren, was im Preis enthalten ist und was nicht.

WEITERE INFORMATIONEN

www.jiuzhai.com,
www.huanglong.com

In Wolong werden nicht nur erfolgreich Große Pandas gezüchtet (unten), die Berge sind auch Lebensraum der seltenen Nebelparder (Mitte). Hinter den Bergen Wolongs beginnt das Tibetische Hochland (rechts unten). In der Pandazuchtstation Bifengxia gibt es die Möglichkeit mitzuarbeiten (rechts oben).

43 Wolong-Nationalpark

Heimat der Pandas

Rund 17 Pandareservate gibt es in China, allein elf davon befinden sich an den Hängen des Tibetischen Hochplateaus in der Provinz Sichuan. Nordwestlich von Chengdu erstreckt sich das wichtigste und mit einem Umfang von rund 2000 Quadratkilometern auch größte Panda-Reservat, der Wolong-Nationalpark. Er wurde 2008 durch ein Erdbeben verwüstet, nun wird mit aller Kraft am Wiederaufbau gearbeitet.

Eingebettet in eine spektakuläre Landschaft aus Fünf- und Sechstausendern wie den 6250 Meter hohen Siguniang Shan im Nordwesten, bietet der Wolong-Nationalpark, von der UNESCO als Biosphären-Naturreservat gelistet, eine dramatische Kulisse. 2008 wurden weite Teile des Naturreservats durch ein großes Erdbeben in Mitleidenschaft gezogen, und die 60 Pandas der hiesigen Zuchtstation wurden zur Bifengxia-Zuchtstation nahe der Stadt Ya'an, 128 Kilometer südwestlich von Chengdu, verbracht. Sobald Wolong wieder zugänglich ist, sollen die Bären zurückgesiedelt werden.

Launenhafte Bären

Der Panda ist ein vegetarisches Raubtier, mit einem Verdauungsapparat, der nur unzureichend an das von ihm bevorzugte Grünfutter angepasst ist. Obwohl der Panda einst in ganz Südwestchina verbreitet war, kam er wahrscheinlich nie in sehr großer Zahl vor. Heute gehört er zu den gefährdeten Arten, ein Resultat des Vordringens des Menschen in seinen natürlichen Lebensraum, aber auch seines launenhaften Appetits – der von ihm begehrte Dunkelgrüne Schirmbambus blüht periodisch und stirbt danach großflächig ab, sodass sich die Tiere zeitweise mit weniger nährstoffreichen Sträuchern begnügen müssen oder gar den Hungertod sterben. Die Hälfte der Panda-Population Sichuans ging bis 1989 als Folge der Abholzung verloren, und als es in den 1980er-Jahren zu einer Massenbambusblüte kam, schrumpfte die Gesamtzahl der in freier Wildbahn lebenden Tiere auf rund 1000 Stück. Heute hat sich ihre Zahl, auch dank der erfolgreichen Züchtung und Aussiedlung, auf 1200 erhöht. Etwa 100 davon leben in Wolong, die restlichen Exemplare sind auf 16 weitere Schutzgebiete in Sichuan, Yunnan, Shaanxi und Guizhou verteilt.

Tier- und Pflanzenparadies

Doch Wolong ist nicht nur die Heimat der Riesenpandas, sondern auch des Kleinen Pandas, der vermutlich nicht mit den Bambusbären verwandt ist, sowie zahlreicher anderer seltener Tiere wie Rhesusaffen, Nebelparder, Sambar- und Thorald-Hirsch, Luchs und Bharal, eine Wildschafart. Nicht weniger abwechslungsreich ist die Pflanzenwelt, die dank der großen Höhenunterschiede im Reservat – der tiefste Punkt liegt bei 1218 Metern, der höchste bei über 6000 Metern – außerordentlich vielfältig ist. Einen kleinen Eindruck von der Landschaft bekommt man auf Wanderungen entlang der Silberminen-Schlucht (Yinchang Gou), die von der Straße in Richtung Balangshan-Pass nach Norden abzweigt, und entlang der Heldenschlucht (Yingxiong Gou) und des sie begleitenden Pitiao-Flusse

Der Gipfel der vier Mädchen

Westlich von Wolong Zhen, dem Zentrum des Parks, führt die Straße ein immer enger werdendes Tal hinauf, bis sie auf einmal aus der Schlucht herausführt und vor einem schier unüberwindlichen Bergmassiv zu enden scheint. Ab hier schlängelt sich die Straße in Richtung Nordwesten entlang weniger steiler Hänge bis zu alpinen Weiden und einem 4500 Meter hohen Pass, der mit den typischen tibetischen Gebetsfahnen geschmückt ist. Dahinter verlässt man das Wolong-Naturreservat, und eh man sichs versieht, kommen die schneebedeckten Höhen des Siguniang Shan ins Blickfeld. Siguniang bedeutet »Vier Mädchen«, und tatsächlich besteht der Gebirgszug aus vier durchnummerierten Gipfeln, vom 5355 Meter hohen Großen Mädchengipfel bis zum 6250 Meter hohen Vierten Mädchengipfel.

PANDA-HELFER

Das Panda-Reservat Bifengxia, circa 16 Kilometer westlich der Stadt Ya'an in der chinesischen Provinz Sichuan, ist mit seinen insgesamt 150 Pandas eines der größten Schutzgebiete für die seltenen Bären. 67 Pandas leben in Gehegen des 1980 mithilfe des WWF gegründeten Zentrums für Forschung und Erhaltung des Großen Panda Eine Besonderheit von Bifengxia ist, dass man hier als Volunteer für ein paar Tage die Möglichkeit hat, die Pandapfleger im Schutzgebiet zu begleiten. Bei einer gründlichen Einführung erfährt man vieles über die Pandas, das Reservat, die Region und die faszinierende chinesische Kultur. Anschließend erhält man seine Aufgaben zugeteilt, bei denen man unmittelbaren Einblick in die Tierhaltung und die Erhaltungsmaßnahmen dieser Bärenart gewinnt. Neben der Pflegearbeit kann man bei der Planung und Durchführung von Marketingmaßnahmen oder bei Aufgaben des Parkmanagements mitwirken. Infos gibt es unter: www.pandasinternational.org/volunteer.html

WEITERE INFORMATIONEN

www.chinawolong.com (z. Zt. nur auf Chinesisch, Englisch in Vorbereitung)

Dank seiner milden Temperaturen, einer übersichtlichen Innenstadt (Mitte) und des weitläufigen Smaragd-See-Parks mit seinen Pavillons (unten) ist Kunming eine überaus angenehme Stadt. Die berühmteste Sehenswürdigkeit ist jedoch der Steinwald mit seinen bizarren Gesteinsformationen (rechts).

44 Kunming

Wo der Frühling zu Hause ist

Eine Reise durch Yunnan beginnt fast zwangsläufig in dessen Provinzhauptstadt Kunming, die wie ein Verteilerzentrum im Osten der Provinz liegt. Die Silhouette der Stadt löst sich noch nicht im Smog und Dunst eines unkontrollierten Wachstums auf, und das ist gut so. Denn sonst wäre die »Stadt des ewigen Frühlings« ihren verlockenden Ehrentitel schnell lo

Mensch und Natur auf dem Weg ins 21. Jahrhundert« lautete vor gut einem Jahrzehnt das Motto der aufwendig präsentierten internationalen Gartenschau 1999 in Kunming. Doch auch wenn Natur und Mensch in China noch immer getrennte Wege gehen, so war die »Stadt des Ewigen Frühlings« dennoch der ideale Austragungsort. Das Klima ist dank ihrer Lage auf einer Seehöhe von 1890 Metern fast das ganze Jahr über angenehm mild, die Luft klar. Die Stadt selbst bietet sehr unterschiedliche Sehenswürdigkeiten aufgrund der hier lebenden zahlreichen Ethnien, viel Atmosphäre und eine Reihe schöner Ausflugsmöglichkeiten.

Steiniger Weg in die Moderne

Kunming machte vor allem durch eine gewalttätige Geschichte von sich reden. Besonders im 19. Jahrhundert litt sie an blutigen Rebellionen und noch blutigerer Unterdrückung. Vor allem die religiös motivierten Aufstände der Hui, chinesischer Muslime, forderten einen hohen Blutzoll. Der eigentliche Eintritt Kunmings in die moderne Zeit begann erst mit dem Krieg gegen Japan 1931. Die Stadt wurde zur Versorgungsdrehscheibe des Südwestens und hat diese Position seither systematisch ausgebaut. Heute ist Kunming ein Knotenpunkt für den friedlichen Handel mit seinen Nachbarn Myanmar, Vietnam und Laos; die Kehrseite der Medaille ist, dass sie im finsteren Sog des Goldenen Dreiecks als Drogenumschlagplatz fungiert.

Auch wenn sich Kunming dem Modernisierungstrend angeschlossen und seinen alten Stadtkern seit 1990 systematisch abgerissen hat, ist es eine gemütliche Stadt geblieben. Glücklicherweise prägen chinesisches Alltagsleben und urbanes Flair den Stadtcharakter. Im Zentrum laden Parks wie der weitläufige Smaragd-See-Park (Cuihu Gongyuan), an dessen Ufer sich die Menschen zum Schattenboxen und Majiang-Spiel (Mahjong) treffen, sowie der Yuantong-Tempel und die 400 Jahre alte Moschee (Shengli Tang) zu Erkundungen ein.

Das Königreich der Zwerge ist ein Themenpark, der nur von Zwergen betrieben wird (oben). Fruchtbarkeitsgöttinen der Wa-Minderheit (Mitte). Die Ufer des Smaragd-See-Parks (unten) und der Daguan-Park am Westsee (rechts unten) sind beliebte Ausflugsziele. Eine Spezialität sind knusprige Snacks aus gerolltem Ziegenkäse (rechts oben).

»Hügel der Schlafenden Schönheit«

Die eigentlichen Höhepunkte der Stadt befinden sich aber in den Außenbezirken. Besonders reizvoll ist eine Fahrt zum Dian-See (Dian Chi), der 15 Kilometer südwestlich von Kunming auf einer Höhe von fast 2000 Metern liegt und im Licht der Nachmittagssonne oft azurblau leuchtet. Er ist 40 Kilometer lang, aber relativ schmal und hat eine durchschnittliche Tiefe von nur sechs Metern. Am Westufer des Sees erstrecken sich die malerischen Westberge (Xi Shan), die man auf einem landschaftlich wunderschön gelegenen Wanderweg besteigen kann. Die chinesische Fantasie hat den Westbergen den Namen »Hügel der Schlafenden Schönheit« gegeben, da ihre Silhouette den Formen einer ruhenden Frau ähnlich ist.

Die Schönheit der Landschaft hat viele Dichter zu Versen inspiriert, die sie hier im Tempel hinterließen. Wer angesichts des steilen Anstiegs mutlos wird, sollte sich von Qin Nanyuans Versen ermuntern lassen: »Die grünen Berge sind hoch, die smaragdenen Wasser tief. Muss man denn ein Buddha sein, um seinen Mund zu einem Lächeln zu öffnen? Du kannst zu deinem Behagen herumbummeln. Der Boden ist flach, und es gibt keine Gefahr zu stolpern. Warum nicht einen Spaziergang für die Fröhlichkeit deines Herzens machen?«

Pilgerorte für Prüflinge ...

Zahlreiche Tempel wie der Blumenpavillon-Tempel (Huating Si), Taihua-Tempel (Taihua Si) und Pavillon der Drei Reinen passiert man auf dem Weg nach oben. Auch am Grab des tragisch verunglückten Komponisten Nie Er (1912–1935), dessen Lied »Kinder der Unruhen« zur Nationalhymne der Volksrepublik China wurde, kann man innehalten. Hoch über dem See liegt das Drachentor (Long Men). Die Skulptur des Drachens, der Torrahmen sowie der Altar sind aus dem Felsen herausgearbeitet. Auf dem Rücken einer Schildkröte wird der Literatengott Kuixi dargestellt. Hierher kamen einst die erfolgreichen Absolventen der kaiserlichen Beamtenexamina und dankten Kuixi mit einem Opfer. Heute kommen wohl auch noch die einen oder anderen aufgeregten Prüfungskandidaten, um an dieser Stelle für eine erfolgreiche Prüfung zu beten und den Literatengott mit einer großzügigen Gabe »milde zu stimmen«. Vom Tempel führt ein Tunnel zum Gipfel des Arhat-Felsens (Luohan Yan), von dem aus man eine herrliche Fernsicht über den See genießt. Über den Bergrücken kann man nun durch eine schöne Landschaft zurück zum Ausgangspunkt wandern.

... und Daoisten

Ein zweiter Ausflug führt in die acht Kilometer entfernten nördlichen Vororte von Kunming, wo auf dem Hügel des Singenden Phönix (Mingfeng Shan) inmitten eines dichten Waldes die Anlage des 1671 errichteten daoistischen Goldenen Tempels (Jin Dian) steht. Man erreicht ihn über eine lange Steintreppe, die von den drei prachtvollen »Himmelstoren« überspannt wird. Berühmt ist der Palast der Großen Harmonie (Taihe Gong) am Ende der Treppe. Über 300 Tonnen wiegt das sechseinhalb Meter hohe, ganz aus Bronze gearbeitete Gebäude mit all seinen Skulpturen,

Säulen, Schriftschildern und Wanddekorationen; nur das Fundament ist aus Marmor.

Wälder aus Stein

Kunmings berühmteste Sehenswürdigkeit liegt 126 Kilometer weit entfernt, im autonomen Bezirk Lunan der Yi-Nationalität. Auf einer Fläche von 27 000 Hektar ragen die bizarren, rauen Gesteinsformationen des einzigartigen Steinwalds (Shi Lin) bis zu 30 Meter hoch empor. Jede einzelne gleicht einer geheimnisvollen Skulptur, in sich eine Geschichte bergend, geschaffen wie von Meisterhand. Den seltsamen Steinfiguren wurden im Lauf der Zeit denn auch Namen wie »Lotosblumengipfel«, »Schwertspitzenteich«, »Mutter und Sohn wandern zusammen« gegeben, eine erzählt die traurige Geschichte eines jungen Mädchens, das nach dem Tod ihres Geliebten zu Stein erstarrte.

Die geologische Geschichte erklärt die Formationen nüchterner. Hier hat sich vor 270 Millionen Jahren ein Meer ausgebreitet, auf dessen Grund sich Sedimente ablagerten. Durch tektonische Bewegungen hob sich der Boden, es entstand Festland mit tiefen Spalten im Gestein, aus denen der Regen im Verlauf von Jahrtausenden die weichen Sedimente auswusch.

Nur 80 Hektar des gesamten Gebiets sind durch schmale Wege erschlossen, um die sich noch mehrere kleinere und größere Steinwälder gruppieren. Man sollte für die abgelegenen Wege, die von den Besucherscharen überhaupt nicht berührt werden, genügend Zeit mitbringen und am besten auch in einem der Hotels am Park übernachten. Besonders schön ist der Blick auf dieses einmalige Naturwunder bei Sonnenuntergang, wenn der optische Reiz durch den Schattenwurf noch verstärkt wird.

»NUDELN ÜBER DIE BRÜCKE«

In Yunnan hat die Küche der Dai-Nationalität ihre unverwechselbaren Spuren hinterlassen. Hier macht sich der Einfluss Südostasiens, vor allem natürlich Thailands, bemerkbar: So werden viele Gerichte in Bananenblättern oder Bambus gegart. Kokos, Ananas, Ingwer, Koriander und Zitronengras sind beliebte Gewürze und Zutaten neben dem Chili, der vor den Bauernhäusern in den Dörfern in riesigen Girlanden zum Trocknen aufgehängt wird. Das Gericht »Nudeln über die Brücke« ist die bekannteste Spezialität der Stadt. Neben einer großen Schale mit kochend heißer Brühe, die von einem Ölfilm bedeckt ist, werden auf kleinen Tellern Nudeln, Gemüse- und Fleischstücke serviert, die nacheinander zum Garen in die heiße Brühe geworfen werden. Ein gutes Lokal, um Kunmings Spezialitäten zu kosten, ist das »Lao Fangzi« (18–19 Jixiang Xiang, Dongfeng Xi Lu, Tel. 08 71-364 45 55). Das charmante Restaurant ist in einem charakteristischen alten Kunminger Hofhaus untergebracht.

WEITERE INFORMATIONEN

www.kmta.gov.cn,
www.gokunming.com

Das südliche Stadttor ist einer der Blickfänge der Altstadt von Dali (Mitte). In den Dörfern der Umgebung tragen viele ältere Naxi-Frauen wie hier in Baisha noch Trachten (unten). Die dramatische Gebirgslandschaft in der Tigersprungschlucht gehört zu den Höhepunkten einer Reise in den Westen Yunnans (rechts).

45 Der Wilde Westen Yunnans

Die grüne Krone Chinas

Dali, Lijiang und Shangri-La heißen die drei malerischen, mittelalterlichen Orte, die den Weg auf der Straße nach Tibet im Nordwesten Yunnans säumen. Entlang der Strecke, die durch spektakuläre Gebirgslandschaften führt, erlebt man auf dichtestem Raum die Kulturen der Bai, Naxi und Tibeter und passiert die Schluchten des Yangzi.

Dali ist ein schönes altes Städtchen mit dem Flair des alten China. Eine gut erhaltene Stadtmauer aus der Ming-Dynastie, viele traditionelle Häuser und gemütliche Straßen prägen das Stadtbild. Die Kleinstadt liegt auf knapp 2000 Metern Seehöhe am Er Hai (Ohren-See), dessen Westseite der sich mächtig erhebende Cang Shan mit dem 4122 Meter hohen Gipfel Malong Feng flankiert. An den Berghängen bestatten die hier siedelnden Bai traditionsgemäß ihre Toten.

Schon vor 3000 Jahren hatte sich an den Ufern des Er Hai die nach ihm benannte, hochstehende Kultur des mächtigen tibeto-birmesischen Reiches Nanzhao entwickelt, mit Dali als dessen Hauptstadt. 902 wurde Nanzhao durch das Königreich Dali abgelöst. Dieses Reich bestand bis ins 13. Jahrhundert und wurde erst von den Mongolen dem Reich der Mitte einverleibt. Nur wenige Relikte erinnern noch an Dalis bedeutende Vergangenheit; dazu gehört unter anderem das buddhistische Sanyue-Fest, das seit über tausend Jahren am 15. Tag des 3. Mondes (meist im April) mit traditionellen Wettkämpfen, Gesangs- und Tanzdarbietungen gefeiert wird. Das sonst so geruhsame Dali verwandelt sich dann in einen echten Hexenkessel und zieht zahlreiche Besucher an.

Stadt des Müßiggangs

Die wichtigste in Dali lebende Minderheit sind die Bai, die sich selbst »Bai Ni« oder auch »Bai Zi« nennen, was so viel wie »Bai-Menschen« bedeutet. Ihre Existenz am Er-See ist seit rund 2000 Jahren nachweisbar. In chinesischen Annalen des 2. Jahrhunderts vor Christus tauchen sie als Handelsvolk auf. Doch sie waren auch geschickte Baumeister, und wer mit offenen Augen durch ihre Dörfer wandert, wird überall kunstvoll gestaltete Hauseingänge, Tempel und Pagoden finden.

Dali wartet mit eher bescheidenen Sehenswürdigkeiten auf – als wichtigstes Baudenkmal gilt am nordwestlichen Stadtrand der Drei-Pagoden-Tempel (Chongsheng Santa Si) –, doch es ist ein idealer Ort, in aller Muße die geschäfti-

Tibetische Pilger (oben) und die tibetische Bevölkerung (unten) prägen das Bild von Shangri-La. Die Altstädte von Lijiang (Mitte) und Shangri-La (rechts oben) bieten viel Atmosphäre, die man am besten in einem der Restaurants wie hier in Lijiang (rechts unten) genießt. Treck durch die Tigersprungschlucht (ganz rechts oben).

ge, von unzähligen Souvenirshops und alten Holzhäusern gesäumte Hauptstraße auf- und abzubummeln und die entspannte Atmosphäre zu genießen. Der Reiz Dalis erschließt sich vor allem jenen Reisenden, die auf eigene Faust in China unterwegs sind und hier auf einen schlichten, unkomplizierten Reisealltag stoßen – in China sonst eher eine Seltenheit. Es gibt zahlreiche gemütliche Cafés, in denen man einfach nur sitzen und etwas trinken kann. Für die Besichtigungen in der Umgebung mietet man sich in den Cafés oder Hotels am besten ein Fahrrad, die meisten Orte erreicht man allerdings auch mit den ständig verkehrenden Minibussen.

»Schöner Fluss« – Lijiang

Die nächste Station auf der Reise in Richtung Tibet ist für die meisten Urlauber das auf einem 2600 Meter hohen Plateau liegende über 200 Jahre alte Städtchen Lijiang. Östlich der Stadt bahnt sich der Jinsha Jiang (Goldsandfluss), der spätere Yangzi, seinen Weg in abenteuerlichen Windungen durch die unwegsame Bergwelt Yunnan Nördlich von Lijiang erhebt sich das 5596 Meter hohe Jadedrachen-Schneegebirge (Yulong Xueshan), dessen leuchtend weiße Gipfel zu den Ausläufern des tibetischen Plateaus gehören. Sessellifte führen bis auf 4400 Meter hinauf. Das Gebiet weist eine faszinierende Varietät an Pflanzenarten auf, darunter seltene Heilkräuter und mehr als 300 verschiedene Azaleen- und Rhododendrenarten. An der Nordflanke des Yulong Xueshan bildet die berühmte Tigersprungschlucht den schmalsten Abschnitt des Yangzi entlang seines Verlauf

Geheimnisvolle Dongba-Kultur

Einem nach Amerika ausgewanderten Österreicher namens Joseph F. Rock (1884–1962) ist es zu verdanken, dass die unglaublich vielfältige Flora des Jadedrachen-Schneegebirges erforscht und im Westen bekannt wurde. Er war auch der Erste, der das Volk der Naxi genauer untersuchte. Die Naxi leben von der Land- und Viehwirtschaft und stammen von tibetischen Nomaden ab, die vor Jahrhunderten in dieses Gebiet einwanderten. Sie entwickelten die einzigartige Dongba-Kultur, in der zahlreiche schamanistische Elemente verankert sind. So haben Himmel, Erde, Berge, Flüsse, der Wind und das Feuer eigene Seelen und Götter. Die Rituale wurden von Schamanenpriestern, den *dongba*, »ländlichen Schriftenlesern«, ausgeführt. Der merkwürdige Name besagt, dass diesen Männern die Tradierung der komplizierten Bilderschrift oblag, in der auch die mythologische Herkunft dieses Volkes niedergelegt war.

Die *dongba* gibt es heute nicht mehr. Aber die religiösen Vorstellungen der Naxi manifestieren sich noch immer in der traditionellen Haube, die fast alle Frauen tragen: Sie soll den Kosmos symbolisieren. Das aufgenähte dunkelblaue Band bedeutet den Himmel, die obere Hälfte aus heller Seide das Tageslicht; beide Teile sind durch eine Reihe von Bändern miteinander verbunden.

Altstadtbummel

Lijiang besitzt eine überaus sehenswerte Altstadt, die seit 1997 zum UNESCO-Welterbe gehört. Separiert davon ist eine aus dem Boden gestampfte moderne Neustadt. Das historische Lijiang besitzt einige mehr als 200 Jahre alte schöne Holzhäuser, die nach dem großen Erdbeben von 1996 wieder restauriert wurden. Die Straßen haben teilweise noch Kopfsteinpflaster.

Mitten durch die Stadt fließt ein schmaler Fluss, Waschplatz und Zentrum der Kommunikation zugleich. Es ist ein Ort zum gemütlichen Verweilen. Man sollte das gemächliche Leben aus den behaglichen Cafés heraus genießen, die es in China so selten gibt, und Radtouren in die umliegenden Dörfer unternehmen, in denen das Leben wie eh und je seinen beschaulichen Gang geht.

Das Tor nach Tibet – Shangri-La

Hier, in der Einsamkeit der tibetischen Hochgebirge, soll sich das legendäre, viel gesuchte Shangri-La aus James Hiltons Bestseller *Lost Horizon* befinden, ein Fleckchen Erde, dessen Name übersetzt »Die Sonne und der Mond in meinem Herzen« bedeutet. Deshalb wurde Zhongdian (Gyalthang), die letzte bedeutendere Stadt vor den Höhenzügen Osttibets, tatsächlich in Shangri-La umbenannt. Die Altstadt befindet sich ziemlich entfernt im Süden der Stadt. Hauptattraktion ist das schöne, über 300 Jahre alte Kloster Ganden Sumtseling im Norden. Der Klosterkomplex, in dem fast 600 Mönche leben, gehört zu den wichtigsten tibetischen Klöstern in Südwestchina.

DURCH DIE TIGERSPRUNG-SCHLUCHT

Der landschaftlich mit Abstand eindrucksvollste Ausflug führt zur Tigersprungschlucht, die sich entlang des Jadedrachen-Schneegebirges erstreckt. Diese rund 15 Kilometer lange spektakuläre Schlucht gehört zu den tiefsten der Welt. Bis zu 3900 Meter hoch ragen die Berge über den Jinsha-Fluss, den späteren Yangzi, hinauf. Seine aus Tibet herabstürzenden Wassermassen haben hier einen schmalen Canyon geformt, den man in zwei Tagen durchwandern kann. An der engsten Stelle ist der Jinsha-Fluss nur 30 Meter breit und wird durch einen Felsen blockiert. Daher rührt der Name der Schlucht, die an dieser Stelle, bildlich gesprochen, von einem »Tiger übersprungen« werden kann.

Man sollte für die erste Tagesetappe sechs bis acht, für die zweite vier bis sechs Stunden einrechnen. Die Strecke ist einfach zu laufen und führt über einen befestigten Pfad hoch über dem Nordufer. Mitten in der Schlucht gibt es Gästehäuser, in denen man übernachten kann. In der Regenzeit im Juli und August können Erdrutsche die Wanderung behindern.

WEITERE INFORMATIONEN ZU DALI, LIJIANG, SHANGRI-LA

www.yunnantourism.com

Am schönsten ist ein Besuch Xishuangbannas während der Feste. Beim Neujahrsfest der Dai darf nach Herzenslust mit Wasser gespritzt werden (Mitte). Auch die Jinuo tragen beim Feiern ihre Festtrachten (unten rechts). Wettkämpfe mit Elefanten sind eine der großen Touristenattraktionen (unten).

46 Xishuangbanna

Mini-Thailand im Süden Chinas

In Xishuangbanna glaubt man nicht mehr, in China zu sein, eher in einer Art Mini-Thailand. Hier, im äußersten Süden Chinas, leben zwölf verschiedene ethnische Minderheiten wie die Dai, Hani, Bulang, Jinuo, Yi oder Miao. Besonders die Dai weisen nach ihrem Aussehen, ihrer Kleidung, Kultur, Religion und ihrem Baustil eine Verwandtschaft mit den Thai auf, deren Ursprung hier im tropischen Süden Yunnans liegt.

An der Grenze zu Laos und Myanmar liegt der Autonome Bezirk der Dai-Nationalität Xishuangbanna. Es gibt hier nur zwei Jahreszeiten, heiß und niederschlagsarm im Winterhalbjahr, heiß und regenreich im Sommerhalbjahr. In den Urwäldern bevölkern Elefanten, Leoparden, Tiger, Schlangen und Affen – darunter die kleinen Weißwangen-Gibbons und der Lori, eine Lemurenart – das Unterholz. Mehrere Millionen Hektar Wald sind zu Nationalparks deklariert worden, wie der Sanchahe-Nationalpark, ein Schutzgebiet für Elefanten.

Kultur des Hinayana-Buddhismus

Reist man über Land, wird man überall eher an die südostasiatischen Nachbarländer Thailand, Laos und Myanmar erinnert. Kaum hat man mehr das Gefühl, in China zu sein. Die ländlichen Gebiete sind durchsetzt von Tempeln, goldenen und bunten Pagoden und den markanten Holzhäusern der Dai und anderer Minderheiten, während die Märkte ein Fest der Farben bieten.

Wer es sich irgendwie einrichten kann, sollte Xishuangbanna während des Neujahrsfestes der Dai vom 13. bis 16. April besuchen. Es gibt Drachenbootrennen auf dem Lancang Jiang (Mekong), und am zweiten Tag findet das berühmte Wasserfest statt. Wirklich jeder, der nicht aufpasst, wird kräftig nass gespritzt! Mit dem Wasser soll das Unglück weggewaschen und eine gute Regenzeit herbeigeführt werden.

47 Guiyang

Land der Berge

Guiyang, Hauptstadt der Provinz Guizhou, lässt mit seinen vier Millionen Einwohnern kaum ahnen, dass die Region das wirtschaftliche Schlusslicht und Armenhaus Chinas ist. »Wertvoller Sonnenschein« lautet der Name der Stadt übersetzt, kein Wunder angesichts der 200 Wolkentage im Jahr. Aber Highlights wie uralte Bouyei-Dörfer, Miao-Feste und der mächtige Huangguoshu-Wasserfall entschädigen für das trübe Wetter.

Ein Sprichwort besagt: In Guizhou gibt es innerhalb von drei Kilometern kein flaches Stück Land, folgen nie drei Tage schönes Wetter aufeinander und besitzt niemand mehr als drei Geldstücke. Dafür gehört die Provinz mit zu den ursprünglichsten Regionen Chinas überhaupt, denn in den abgelegenen Bergen haben sich zahlreiche lokale Traditionen authentisch erhalten.

Abstecher ins alte China

Ein Stück südlich von Guiyang liegt die alte Garnisonstadt Qingyan aus der Ming-Zeit, die 1378 als militärischer Außenposten gegründet wurde. In der gut erhaltenen Altstadt von Qingyan gibt es in den engen, gepflasterten Gassen noch zahlreiche alte Tempel, Zunfthäuser, Wohnhäuser und sogar alte Kirchen zu sehen.

Ein Wasserfall und viele Höhlen

Ein beeindruckender Ausflug führt zu Chinas größtem Wasserfall, dem Huangguoshu Pubu. Aus einer Höhe von 74 Metern und auf einer Breite von 81 Metern donnert er inmitten einer pittoresken Karstlandschaft in das Nashorn-Becken. Insgesamt gibt es in der ganzen Region 18 Wasserfälle und über 100 Höhlen, die nach und nach auch für Besucher zugänglich gemacht werden. Die berühmte Höhle des Drachenpalasts (Longgong Dong), eigentlich ein riesiges, von einem Fluss durchzogenes Höhlenlabyrinth, kann man mit Booten befahren.

Der Huangguoshu-Wasserfall (Mitte) ist die spektakulärste Sehenswürdigkeit Guizhou In keiner anderen Provinz Chinas werden so viele Feste gefeiert wie in der Umgebung von Guiyang. Besonders farbenfroh sind die Festtrachten der Miao in den Dörfern um Kaili (unten und links).

48 Lhasa

Stadt der Götter

Lhasa, die »Stadt der Götter«, liegt 3658 Meter über dem Meeresspiegel am Glücksfluss Kyi-Chu. Sie ist seit alters religiöses, politisches, kulturelles und wirtschaftliches Zentrum Tibet Der das Stadtbild beherrschende mächtige Potala, Wahrzeichen des stolzen und unbeugsamen Tibet, der Jokhang, Tibets Nationalheiligtum, und viele andere religiöse Stätten machen jeden Besuch zu einem spirituellen Erlebni

Vielleicht war es die schöne Lage des Lhasa-Tals, die den tibetischen König Songtsen Gampo, der zwischen 619 und 649 regierte, dazu brachte, das heimatliche Yarlung-Tal zu verlassen und seine Residenz an eine Stelle zu verlegen, von der ihm seine chinesische Gattin bescheinigte, dass sie am Himmel dem achtspeichigen Rad der Lehre und am Boden einem Lotos gleiche. Vielleicht lag in dieser geomantischen Deutung schon ein Omen für die zukünftige Bedeutung der Stadt als religiöser Mittelpunkt Tibet Aber der Buddhismus sollte noch einige Umwege gehen, bis er 779 schließlich erstmals zur Staatsreligion wurde.

Unvergleichlich ist die Atmosphäre in Lhasas Altstadt, deren Gassen ein einziger weitverzweigter Markt sind und die einen schon beim Eintreffen den Zauber Tibets spüren lässt. Daran hat auch die Zwangsmodernisierung der Stadt, die bisweilen wie ein aus den Fugen geratenes Dorf mit zu großen Straßen wirkt, nichts geändert.

Nationalheiligtum der Tibeter

Würziger Wacholderduft aus geheimnisvoll qualmenden, freistehenden oder in Mauern eingelassenen Opferöfen, helles Glöckchengeläut von den Tempeldächern, das die Lehre Buddhas verbreitet, das Surren der allgegenwärtigen Gebetsmühlen und monotones Gemurmel von Mantras und Gebeten der in gläubiger Ehrfurcht versunkenen Pilger: Das ist Lhasa am frühen Morgen auf dem Barkhor, dem heiligen Umwandlungsweg des Jokhang, der gleichzeitig Markt, Begegnungsstätte und heiliger Ort ist. Einige der Pilger umrunden den 800 Meter langen Ritualweg nicht zu Fuß, sondern sie nehmen ihre Körperlänge oder gar -breite als Maß für den Weg. Durch Leder an Brust, Bauch und beiden Knien geschützt, werfen sie sich der Länge nach ein ums andere Mal hin und umrunden den Barkhor auf diese seltsame Weise.

Der Jokhang, Tibets Nationalheiligtum und pulsierendes Zentrum des tibetischen Buddhismus, ist das Hauptziel

Der Jokhang mit seinen golden funkelnden Dächern ist das Nationalheiligtum der Tibeter (Mitte). Beim Besuch eines Klosters putzt man sich festlich heraus (unten). Der Potala war bis 1959 die Winterresidenz des Dalai-Lama und ist mit dem Jokhang-Tempel immer noch eines der bedeutendsten buddhistischen Pilgerziele (rechts).

Das Denkmal weist auf die Bedeutung des Yaks für den tibetischen Alltag hin (oben). Buddha-Skulpturen wie in Sera (Mitte) stehen für den allgegenwärtigen Buddhismu Innenhof im Potala-Palast (unten). Auf einer Höhe von 4200 Metern liegt Kloster Ganden (rechts unten) und auf 4718 Metern der See Nam Tso (rechts oben).

eines jeden Pilger Vor dem Haupteingang finden sich den ganzen Tag über Gläubige ein, um sich vor dem Portal niederzuwerfen – eine schweigsame und beeindruckende Demonstration tiefverwurzelten buddhistischen Glauben Die Gründung des sehr verschachtelt wirkenden Tempels geht auf Songtsen Gampos nepalesische Gattin Bhrikuti zurück, deren Mitgift, der Jobo Mikyö Dorje, in dem zwischen 642 und 653 erbauten Tsuglagkhang untergebracht wurde. Später wurde hier dann der Jobo Shakyamuni aufgestellt, die Mitgift von Songtsen Gampos chinesischer Gattin Wencheng. Als »Haus des Jobo« (Jokhang) wurde der Tempel dann auch bekannter als unter der Bezeichnung Tsuglagkhang. Der Jobo Mikyö Dorje wurde im Gegenzug in den ebenfalls im 7. Jahrhundert erbauten Ramoche in der nördlichen Altstadt verbracht, wo er bis heute verehrt wird.

Winter- und Sommerresidenz der Dalai-Lamas

Weiterer Höhepunkt eines Lhasa-Aufenthalts ist der Besuch des Potala, der Winterresidenz der Dalai-Lama Der »Große Fünfte« Dalai-Lama, Ngawang Lobsang Gyatso, der Begründer der Theokratie der Gelben Kirche, begann 1643 mit dem Bau des monumentalen Palasts, der mit seinen in der grellen Sonne funkelnden Golddächern die Stadt um 120 Meter überragt. Der zentrale Rote Palast enthält die größten Hallen für Zeremonien sowie die Grabkammern verstorbener Dalai-Lamas mit ihren prachtvollen und kostbaren Reliquien-Chörten, von denen der des Fünften Dalai-Lama an kostbarer Ausstattung wohl nicht mehr zu überbieten ist. Im obersten Stockwerk des Roten Palasts liegen die ehemaligen Privatgemächer des 14. Dalai-Lama. Die weiß getünchten Teile des Palasts beherbergen in erster Linie Verwaltungsräume und Lager. Um der bedrückenden Atmosphäre des Potala zu entkommen, ließ der 7. Dalai-Lama, Lobsang Kalsang Gyatso, 1754 erstmals eine Sommerresidenz errichten, und zwar den Norbulingka (Juwel-Garten); seine Nachfolger ließen weitere Gebäude dazu bauen. Die letzten Veränderungen fanden unter dem jetzigen Dalai-Lama zwischen 1954 und 1956 statt. Er ließ für sich einen ganz neuen Palast erbauen, den Tagten Minjur Phodrang. Auffallend an ihm ist, dass er nicht so düster und abweisend wirkt, wie es für die tibetische Architektur sonst so typisch ist.

Die drei Säulen des Staates

Die Klosterstädte Drepung, Sera und Ganden am Stadtrand wurden »die drei Säulen des Staates« genannt. In ihnen wurde nämlich früher nicht nur die Mönchselite für ganz Tibet ausgebildet, sondern sie besaßen innerhalb des Staatsapparates wichtige Befugnisse, Rechte und Pflichten. 1416 gründete Jamyang Chöje (1379–1449), ein Schüler von Tsongkhapa, das Kloster Drepung, das von seinen Nachfolgern zu einer mächtigen stadtähnlichen Anlage ausgebaut wurde. Es war seinerzeit das größte Gelugpa-Kloster Tibets und Heimstatt für 10 000 Mönche. Als ehemaliger Sitz des 5. Dalai-Lama arrivierte es zum politischen Zentrum; die Äbte dieses Klosters waren an allen politischen Entscheidungen beteiligt.

Gleich in der Nachbarschaft von Drepung befindet sich Nechung, der Sitz des Staatsorakels, das nicht nur der Dalai-Lama und seine Regenten, sondern auch der Ministerrat vor der Entscheidung wichtiger Staatsangelegenheiten befragten: Aus dem in einem Ekstasezustand versetzten Orakelpriester verkündet der Gott Pehar seinen Willen.
Nur fünf Kilometer nördlich von Lhasa erreicht man die Klosteranlage Sera. Sie wurde 1417 von Jamchen Chöje (1354 bis 1435), ebenfalls Schüler von Tsongkhapa, gegründet. 1419 begann man mit dem Bau. Das Kloster ist etwas kleiner als Drepung, aber in der Anlage ähnlich. Da Jamchen Chöje dreimal am Hof des Ming-Kaisers weilte, besaß Sera ein relativ enges Verhältnis zu China und trat so in der Folge in Konkurrenz zu Drepung. Bekannt war Sera für seine drei Fakultäten: die tantrische Fakultät, Sera-Je (Flüchtlingsfakultät) und Sera-Me (Untere Fakultät). Die Flüchlingsfakultät bildete sich um eine Gruppe von Mönchen, die dem Kloster Drepung den Rücken gekehrt und in Sera eine neue Heimat gefunden hatten.
Der Preis für die dramatischste Lage gebührt eindeutig dem Kloster Ganden. Das Gründungskloster der Gelugpa-Schule, und damit auch ihr religiöses Zentrum, passt sich 50 Kilometer östlich von Lhasa in 4200 Metern Höhe wie ein Amphitheater in die grandiose gebirgige Umgebung des Kyi-Chu-Tals ein und bietet von seinem heiligen Umwandlungsweg einen fantastischen Blick ins tief unten gelegene Tal. Während der Kulturrevolution vollständig zerstört, wurde es in den letzten Jahren weitgehend rekonstruiert.

WILDES TIBET

Eines der nachhaltigsten Erlebnisse einer Tibetreise ist der Abstecher von Lhasa zum 150 Kilometer entfernten, landschaftlich herrlich gelegenen Nam Tso, einem der heiligsten Seen Tibet Man erreicht ihn über den 5190 Meter hohen Lhachen-La. Der 1920 Quadratkilometer große See liegt auf 4718 Metern Seehöhe. Er ist damit der höchstgelegene Salzsee der Welt. In diesem wilden Hochtal mit seiner unbeschreiblichen Stille schrumpfen die umliegenden Fünf- und Sechstausender zu Hügeln. Das Südufer des Sees wird von der 1400 Kilometer langen Nyanchen-Thanglha-Kette begrenzt, deren Zentralgipfel 7162 Meter misst.
Die Jeeps und Minibusse aus Lhasa halten alle auf einer großen Freifläche vor einem mächtigen Felsenberg, in dessen Schatten sich das Tashi-Dor-Kloster duckt. Dieses Kloster dient Mönchen und Nonnen der Kagyü- und Nyingma-Schulen als Retreat, das von einigen Tagen bis zu vielen Jahren dauern kann. Der Felsenberg, der sich auf einer Landzunge in den See schiebt, kann in etwa einer Stunde auf einem ebenen Weg umrundet werden.

WEITERE INFORMATIONEN

www.tibettour.com.cn, www.thlib.org/collections/ (Infos zu den Klöstern), www.norbulingka.org

Ein Mönch genießt die Sonne im Kloster Tashilhunpo (Mitte). Der Kumbum-Chörten von Gyantse ist der einzige vollständig erhaltene seiner Art in Tibet und stellt ein begehbares Mandala dar (rechts). In den 85 Kapellen sieht man auch eine prunkvolle Skulptur des Bodhisattva Ratnasambhava (unten).

49 Shigatse und Gyantse

Religiöse und weltliche Zentren von Tsang

Zu den Höhepunkten einer Reise in das alte Tsang gehören der Besuch der Stadt Shigatse, die von dem weitläufigen Klosterkomplex Tashilhunpo, dem Sitz des Pantschen-Lama, beherrscht wird und der Kleinstadt Gyantse. Diese wartet mit dem eindrucksvollen Kumbum-Chörten und der mächtigen Ruine des Dzong auf.

Shigatse ist die zweitgrößte Stadt Tibet Eine erste Siedlung an dieser Stelle unterstand noch im 13. Jahrhundert den Gouverneuren von Zhalu, deren Herrschaftsanspruch durch die Gunst der Mongolen gestützt wurde. Mit dem Untergang der mongolischen Yuan-Dynastie konnte Shigatse mehr Eigenständigkeit gewinnen und sich schließlich als Sitz der Gouverneure von Tsang, der westtibetischen Provinz, zum zweiten bedeutenden politischen Zentrum Tibets neben Lhasa entwickeln. Der einstige Gouverneurspalast, der Dzong, der an Pracht nur mit dem Potala vergleichbar gewesen war, wurde von den Roten Garden in einen Schutthaufen zerlegt. 2009 wurde er wieder aufgebaut.

Inkarnation des Buddha Amitabha

1636 erfuhr die Stadt mit der Einsetzung des Pantschen-Lama als höchstem Lama des Klosters Tashilhunpo und, nach dem Dalai-Lama, wichtigsten Lama in der Hierarchie der Gelbmützen eine erneute Aufwertung. Die Klostergründung des »Bergs des Glücks« war 1447 unter Gendün Dub (1391–1474), einem Neffen und Schüler Tsongkhapas, erfolgt. Gendün Dub und sein Nachfolger Gendün Gyatsho (1475–1542) wurden posthum zum 1. und 2. Dalai-Lama ernannt, während die folgenden Äbte rückwirkend zum 1. bis 3. Pantschen-Lama (Priesterjuwel) erklärt wurden. Chöki Gyeltshen (1569–1637), der den Titel im Jahr 1636 von seinem Schüler, dem 5. Dalai Lama, aus Dankbarkeit erhalten hatte, zählt deshalb als 4. Pantschen-Lama.

Der Pantschen-Lama hatte weniger Einfluss in der Zentralregierung als der Dalai-Lama, der nominell die volle geistige und weltliche Macht über das Land hatte. Da der Pantschen-Lama aber als Inkarnation des hierarchisch viel höher stehenden Amitabha (Buddha des Unendlichen Lichts) angesehen wird, der Dalai-Lama hingegen »nur« die Inkarnation des Bodhisattvas Avalokiteshvara ist, lag in seiner Ernennung schon der Keim für künftige Kompetenzstreitigkeiten. Die Provinz Tsang regierte

Der Dzong von Gyantse war der Sitz der hiesigen Gouverneure (oben). Auch das Kloster Pälkhor Chöde (unten), rechts oben ein Blick in die Hauptversammlungshalle, ist reich an Skulpturen (Mitte). Die Klosterstadt Tashilhunpo thront über Shigatse (rechts unten). Nomadin mit einem Yak-Kalb (rechte Seite oben).

der Pantschen-Lama nahezu autonom. In der Politik spielten die Chinesen die beiden Häupter nicht selten gegeneinander au Auch heute noch spaltet sich Tibet in die mehr zur Person des Pantschen-Lama und damit zu einer Annäherung an China neigenden Tibeter, und die Anhänger des Dalai-Lama, die für die Unabhängigkeit ihres Landes streiten.

Klosterstadt Tashilhunpo

Der gesamte Klosterkomplex mit seinen in der Sonne funkelnden goldenen Dächern, die schon von weiter Ferne sichtbar sind, wird von einer Ringmauer eingefasst und von Pilgern in frommer Verehrung auf dem Lingkhor umkreist. Der älteste Bau der Anlage ist der Tsuglagkhang, in dem der Thron des Pantschen-Lama und eine Statue des Jobo-(Shakyamuni) Buddhas stehen. Hier findet täglich am späten Nachmittag unter Beteiligung zahlreicher Mönche ein *puja* statt, die rituelle Verehrung einer Gottheit. Der Maitreya-Schrein beherbergt die fast 27 Meter hohe Statue des zukünftigen Buddha (Maitreya).

Zentrum des Wollhandels

Gyantse ist ein Städtchen, rund 90 Kilometer von Shigatse entfernt, mit einem alten, gut erhaltenen tibetischen Wohnviertel. In früheren Zeiten war der Ort ein wichtiger Umschlagplatz für Yak- und Schafwolle. Seine florierenden Handelsverbindungen machten ihn auch für die Engländer begehrenswert. Sie kamen 1904 und holten sich unter der Führung von Colonel Younghusband mit militärischer Gewalt, was ihrer Diplomatie versagt geblieben war. Die Expeditionsar-

mee erstürmte den für uneinnehmbar gehaltenen, 1365 erbauten Dzong, die Festung des Gouverneurs, und erzwang damit die Eröffnung einer britischen Handelsniederlassung in Gyantse. Im Vertrag von 1906 erkannten die Engländer dann den chinesischen Oberhoheitsanspruch über Tibet an, und China zahlte auch die Kriegsentschädigungen an England, um diesen Anspruch zu untermauern. Von der hoch über der Stadt thronenden Burg, die 1904 von den Briten teilweise zerstört wurde, hat man einen fantastischen Panoramablick.

Buddhistische Ökumene

Nicht minder beeindruckend ist die Lage des 1390 gegründeten Klosters Pälkhor Chöde. Das Kloster ist von dem natürlichen Halbrund eines freistehenden Felsens eingefasst, dessen Grat von einer Mauer gekrönt wird. Auch dieses große Kloster wurde während der Kulturrevolution stark beschädigt. Nur noch schwer kann man sich vorstellen, dass an dieser Stelle eine komplette Klosterstadt gestanden hat, deren Besonderheit darin lag, dass sich innerhalb ihrer schützenden Mauer 16 autonome Klöster dreier Schulrichtungen befanden:

vier Sakyapa-, drei Zhalupa- und neun Gelugpa-Klöster. In dem runden Klosterbezirk stehen noch der einzigartige, 32 Meter hohe Kumbum-Chörten und der Tsuglagkhang, die Hauptversammlungshalle für alle hier vereinten Klöster. Gleich hinter dem Eingang links befindet sich das kleine Sakyapa-Kloster Gurpa, in erhöhter Lage am Berghang steht das Zhalupa-Kloster Rinding.
Der Tsuglagkhang wurde 1418 erbaut. Er ist nicht so überladen ausgestattet wie vergleichbare Hallen und bezieht gerade aus dieser stillen Leere seinen besonderen Reiz. Neben den üblichen, mit buddhistischen Heiligen und Schriften prächtig ausgestatteten Seitenkapellen findet man gleich links vom Eingang den Lhakang, den durch eine niedrige Tür zu betretenden Raum der Schutzgottheiten. Nur selten bildet die lamaistische Ikonografie die Leiden des Menschen im Kreislauf der Wiedergeburten so plastisch und eindringlich ab. Qualvolle Folterszenen und schmerzhaft verzerrte Gesichter erinnern den Gläubigen an sein höchstes Ziel, nämlich die Überwindung des Leiden

Der Weg ins Nirwana

Eines der großen Monumente tibetischer Architektur ist der einzige noch vollständig erhaltene Kumbum-Chörten (Chörten der 100 000 Abbildungen), der ein begehbares dreidimensionales Mandala darstellt. Wenn man dieses betritt, durchläuft man symbolisch den gesamten buddhistischen Erlösungsweg bis ins Nirwana. Man beginnt auf der untersten Ebene mit den einfachen Gottheiten und kann sich an insgesamt 85 Kapellen vorbei bis zum Urgrund und Ursprung allen Seins, dem Adi-Buddha in der Spitze des Stupa, nach und nach emporarbeiten. Die aus Nepal bekannten, im oberen Bereich des Stupa aufgemalten Augen stellen die »Alles sehenden Augen Buddhas« dar. Dieses realistische Detail inmitten der ansonsten abstrakt-symbolischen Architektur soll den Pilgern die Anschauung Buddhas erleichtern.

LANDGUT PHARLA

Noch bis 1959 gab es in Tibet zahlreiche große Landsitze adliger Familien, die eines oder auch mehrere Dörfer sowie das umliegende Land verwalteten. In der Kulturrevolution wurden nahezu sämtliche dieser Herrenhäuser als Relikte der »feudalen Sklavenhaltergesellschaft« zerstört. Die Pharla-Sippe, die zu den acht einflussreichsten Clans Tibets zählte, konnte nach Indien fliehen; ihr Familiensitz ist aber als einer von dreien dieser Art erhalten geblieben. Allein in Osttibet hatte diese Sippe, die bis 1959 3000 Sklaven und Leibeigene besaß, 25 Landgüter für Ackerbau und acht Landgüter, auf denen Viehzucht betrieben wurde.
Das Landgut, drei Kilometer außerhalb von Gyantse, besteht aus einem dreistöckigen Hauptgebäude mit 57 Räumen und zahlreichen Nebengebäuden. Ausstellungen in den Räumen des Hauptgebäudes dokumentieren die Vergangenheit. Die Stätte ist vordergründig sicher der »patriotischen Erziehung« gewidmet, aber das Landgut ist eine durchaus interessante Abwechslung, wenn man der Buddhas überdrüssig geworden ist.

WEITERE INFORMATIONEN

www.tibetinfor.com/tibetzt/rikaze/-index.htm

50 Mount-Everest-Region

Qomolangma, die »Herrin über dem Land«

Die faszinierende Fahrt entlang des Friendship Highway nach Nepal führt mitten durch den Qomolangma-Nationalpark mit seiner wilden, einsamen Landschaft. Bei klarem Wetter bieten sich Fernblicke auf fünf Achttausender. Eine Piste führt bis zum Mount-Everest-Base-Camp, sodass man die aufregende Schönheit des höchsten Berges der Welt aus nächster Nähe bestaunen kann.

Von wo aus man den Mount-Everest, den die Tibeter Qomolangma nennen, auch betrachtet, vom Pass Pang La (Mitte), vom Kloster Rongbuk (unten) oder beim Trekking durch die Täler (unten rechts), stets bietet sich ein beeindruckendes Bild. Mönche in Bewegungsmeditation vor dem Sakya-Tempel (rechts oben).

Etwas abseits des Friendship Highway von Shigatse nach Kathmandu liegt Shekar (Neu-Tingri, Xegar) mit der gewaltigen Festungsruine Shekar Dzong, die hoch über dem kleinen Ort auf einer Höhe von nahezu 5000 Metern thront. Zu Füßen der Ruine zieht sich das im Jahr 1296 gegründete Kloster Shekar Chöde den felsigen Hang hinauf. Shekar, der Name bedeutet Weißer Kristall, ist der Ausgangspunkt für die Fahrt oder das Trekking zum Fuß des Mount Everest. 1924 war von hier die zweite britische Mount-Everest-Expedition gestartet, welche die Erstbesteigung des Mount Everest zum Ziel hatte. Bei dem Versuch kamen die beiden Bergsteiger George Mallory und Andrew Irvine ums Leben. Bis heute wird gemutmaßt, ob Mallory und Irvine es vielleicht nicht doch bis auf den Gipfel des Mount Everest geschafft haben und somit sie die Erstbesteiger des Berges sind. Mallorys Leiche wurde erst 1999 in 8200 Metern Höhe weitab südwestlich von den Gipfelgraten gefunden.

Fünf Achttausender

Von Shekar aus fährt man rund hundert Kilometer bis zum Kloster Rongbuk, das sich auf einer Höhe von beinahe 5000 Metern an einen felsigen Berghang klammert. Damit ist es das höchstgelegene Kloster der Welt. Mönche und Nonnen meditierten schon im 18. Jahrhundert in dieser Gegend. Das Kloster selbst wurde aber erst von 1899 bis 1902 errichtet. Unterwegs überquert man den 5150 Meter hohen Pang La und blickt, sofern die Gipfel nicht wie meist im Juli und August von Wolken verhüllt werden, auf die gigantische Kulisse des Himalaya mit seinen schneebedeckten Sieben- und Achttausendern. Allein fünf Achttausender kann man bei guter Sicht sehen, und zwar von links nach rechts den Makalu (8485 m), Lhotse (8516 m), Qomolangma (Mt. Everest, 8848 m), Cho Oyu (8188 m) und Shisha Pangma (8027 m).

Am Gipfel des Mount Everest hängt übrigens immer ein weißer, stets seine Form ändernder Wolkenstreifen, der mit

dem Westwind wie eine Flagge nach Osten weht. Diese Erscheinung nennt man die »Flaggenwolke am Qomolangma«. Mal glaubt man, aufwallende Wellen zu sehen, mal aufsteigenden Herdrauch, mal galoppierende Pferde, mitunter aber auch den geheimnisvollen Schleier der Göttin Qomolangma, der »Herrin über dem Land«, wie die Tibeter den Berg nennen. Denn eine ihrer Legenden erzählt, dass sich hinter der Erscheinung des höchsten Berges der Welt eine Fee verberge, die vor langer Zeit auf die Erde gekommen sei und nun im Himalaya residiere.

Am Fuß des Mount Everest

Vom Kloster sind es noch einmal acht Kilometer bis zum eigentlichen Base Camp auf einer Höhe von 5150 Metern. Bis hierher darf man laufen oder fahren. Wer zu Fuß geht, kann entlang des Weges eine kleine Einsiedelei besuchen. Dieses Base Camp ist nur für Touristen aufgebaut worden. Für das »Advanced Base Camp« der Bergsteiger auf 5760 Metern benötigt man eine Sondergenehmigung. Aber egal, ob man weitersteigen will oder nicht, der Blick auf die gewaltigen Eiswände des Mount Everest ist auch vom Touristen Base Camp spektakulär. Motorisierte können übrigens eine holprige Alternativroute bis zur Ortschaft Dingri zurückfahren. Diese Strecke führt über den 5150 Meter hohen Lamna-Pass und über wilde Hochebenen.
Man kann natürlich auch die ganze Strecke wandern. Startpunkt des Trekkings ist der Beginn der Piste am Checkpoint in Chay. Man folgt der Piste oder aber geht querfeldein mehr oder weniger parallel zur Piste. Bis zum Base Camp benötigt man gut drei bis vier Tage, und noch einmal vier Tage vom Camp zurück bis Dingri. Das Gepäck und die Verpflegung kann man von Yaks oder Pferden tragen lassen.

ABSTECHER NACH SAKYA

Auf dem Weg von Shigatse zum Mount-Everest-Base-Camp passiert man nach 127 Kilometern den Abzweig zum Kloster Sakya (Fahler Ort), das man nach Kurzem erreicht. Das Kloster mit seinen charakteristischen mächtigen Wehrtürmen ist eine der kunsthistorisch wertvollsten Sehenswürdigkeiten Tibet Die Sakyapa, eine der vier großen buddhistischen Lehrrichtungen Tibets, wurde 1073 gegründet und entwickelte sich zum Zentrum eines Klosterstaat Für nahezu hundert Jahre übte Sakya auch in weltlichen Dingen die Vorherrschaft au Die »Thronfolge« im Kloster Sakya war traditionell erblich, und der Abt galt als Inkarnation des Manjushri (Bodhisattva der Weisheit). In gewissem Sinn war dies bereits die Vorwegnahme der Theokratie unter den Dalai-Lamas in Tibet. Sehenswert ist die aus mächtigen Mauern errichtete Haupthalle, eine der eindrucksvollsten Hallen Tibets, auch wegen ihrer prächtigen Innenausstattung: die bronzenen Buddhas der drei Zeiten, unzählige Statuen, in Regalen aufbewahrte Schriften, Reliquienschreine, Mandala-Bilder und vieles mehr.

WEITERE INFORMATIONEN

www.tibettour.com.cn, www.everest.cc

Xijijang in Guizhou gilt mit fast 6000 Einwohnern als das größte Dorf der Maio-Minderheit, die hier noch sehr ursprünglich in Einklang mit der Natur in ihren typischen dreistöckigen Holzhäusern lebt.

Die Schilfrohrflötenhöhle (oben) reicht 240 Meter tief in den »Berg des Lichts« im Nordwesten von Guilin. Tibeterin in Festtracht (Mitte). Gedämpfte Baozi - gefüllte Teigtaschen (unten).

Register

Vielfalt der Völker und Regionen: ein buddhistischer Bambustempel in Kunming im Westen Chinas (oben), ein kleines Mädchen der Dong-Nationalität (Mitte) und der Konfuziuswald in Shandong mit dem Grab des Philosophen (unten).

Impressum

Produktmanagement: Joachim Hellmuth, Dr. Birgit Kneip
Textlektorat: Dr. Cornelia Fischer, Nierstein
Grafische Gestaltung: graphitecture, Rosenheim
Kartografie: Astrid Fischer-Leitl, München
Herstellung: Bettina Schippel
Repro: Repro Ludwig, Zell am See
Printed in Italy by Printer Trento

Alle Angaben dieses Bandes wurden von den Autoren sorgfältig recherchiert und vom Verlag auf Stimmigkeit und Aktualität geprüft. Allerdings kann keine Haftung für die Richtigkeit der Informationen übernommen werden. Für Hinweise und Anregungen sind wir dankbar. Zuschriften an den:
Bruckmann Verlag, Produktmanagement, Postfach 400209, 80702 München.
E-Mail: lektorat@bruckmann.de

Umschlag vorne: Hongkong bei Nacht; Mitte: Karstkegel bei Guilin; u: Chinesische Mauer; Vorsatz: Drachenrücken-Terrassen in Guanxi; Innentitel: Blick über den Sommerpalast. Nachsatz: Felstürme des Tianzi Shan.

Bildnachweis:
Agnieszka Dukland 50 u., 55 o., 62, 82 o., 84 o., 85 o., 90 u., 91 u.; Fotolia 63 o. (Shieh), 153 (Sandy); E.Harkness Spina & Christine Chen, 159 o.; Look-foto: Hoffmann 106 u, Johaentges 120 rechts, 135 u., 96 o., age Fotostock 120 o., 134 u., 145 (Yan Liao), Werner 64 u., Roetting 103; Christoph Mohr 71 o., 74 u., 82 u., 83, 84 u., 85 u., 85 m. 86 o., 86 m., 86 rechts, 87, 112 u., 113 u., 114, 115 links, 115 o., 115 u., 116; PD 36, 110; Picasa 41 o., 81 o.; picture alliance: akg-images /Erich Lessing 25 oben, Barrett 16 o., Bibliographisches Institut/Prof. 9 u., Bildagentur Huber/ Gräfenhain 18/19, 23, 32 u., 106 m., 113 o., 122 m., 123 o., 125 o., 128 o., 150 o., 151, 152, Bradshaw 95 o., Breder 8 u. , Büttner 26 o., 26 u., 27 o., 39 o., Castello-Ferbos 121 o., cdsb 131 o., Chen Yu 99 u., China Foto Press (Liu Shuxian) U1, 110 o., Chromorange (Widmann) 17, Connolly 140 u., 142 m., 156 o., Coombe 16, 153 u., Dydynski 9 m., 45 u., 48 u., 154 u., 153, Elms 117 o., epa afp FJ. Braun 43 u., epa 149 links, epa/Azubel 148 u., 148 rechts, epa/Walton 29 o., G. Thielemann 92/93, Gho Chai Hin 18 o., GMC/Photopress 156 rechts, Haessler 27 u., Haschke 18 u, 26 m., Holschneider 24 u., How Hwee Young 61, Image 2010 52 o., 97 u., Imagenchina 15 o., 24 o., 42 u., 54 u., 56 u., 58 u., 71 u., 74 m., 77 o., 86 u., 89, 90 o., 103 l., 104 o. und m., 126 u., 127 o., 128. u., 132 rechts, 133 u., 134, 143 u., 157 u., Irlmeier 12 unten, 97; Kainulainen 108 u., Kecichwost 54, 117 u., Keren Su 154 o., 157 o., Koene 156 u., l'Anson 16 m., Landov 14 m., 15 l.u., 65 u., 80 u., 88 o., 91 o., 104 rechts, 128 m., 158 u., 164 o., Lanty 100 o., Liu Liquun 31 u., 64 o., Luo Xiaoguang 20 u., Ma Ping 148 o., Meschede 76 u., OMP 158 o., Otto 113 m., Pan Asia Jiji press 70 o., Postl 52 m., Qui Ruquuan 98 o., Reinhard 138 o., Reynolds 5, 20 m., Rhiele 40 u., 164 m., Richter 150 o., Roetting 99 o., 103 u., 143 o., Schmerbeck, 14, Settnik 12 o., 14 o., 14 u., 15 m., 39 u., 54 o., 55 u., 58 m., Shaver 132 u., Stacke 64 m., Stange 25 u., 123 u., Tepper 50 o., Tripathi 156 m., Wang Jianwei 42 o., Wanping Zhou 33 o., Weare 159 u., Woitas, 33, Wu Hong 67 o., 109 o., 142 o., Xiong Xijun 127 u., Xu Jingbai 126 o., Zhang Guojun 98 u., Zhang Hoaoli 56 o., Zhang Kaixin 37, 149 u., picture alliance 12 m., 58 o., 84 m., 104 u., 121 u., 130 o., 138 u.; Sheraton 105 o.

LOOK Die Bildagentur der Fotografen

pa·picture alliance

Alle anderen Bilder stamm von Oliver Bolch.

Die Deutsche Nationalbibliothek verzeichnet diese Publikation in der Deutschen Nationalbibliografie; detaillierte bibliografische Daten sind im Internet über http://dnb.d-nb.de abrufbar.

© 2011 Bruckmann Verlag GmbH, München
ISBN 978-3-7654-4830-0

Unser komplettes Programm:
www.bruckmann.de

In gleicher Reihe erschienen ...

ISBN 978-3-7654-5437-0

ISBN 978-3-7654-4889-8

ISBN 978-3-7654-4828-7

ISBN 978-3-7654-4830-0

ISBN 978-3-7654-5154-6

ISBN 978-3-7654-5368-7

ISBN 978-3-7654-5253-6

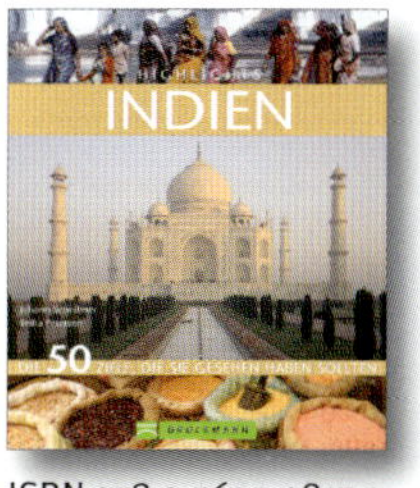

ISBN 978-3-7654-4817-1

ISBN 978-3-7654-5214-7

ISBN 978-3-7654-5594-0

ISBN 978-3-7654-4617-7

ISBN 978-3-7654-5426-4

ISBN 978-3-7654-4760-0

ISBN 978-3-7654-4869-0

ISBN 978-3-7654-5143-0

ISBN 978-3-7654-4750-1

ISBN 978-3-7654-4827-0

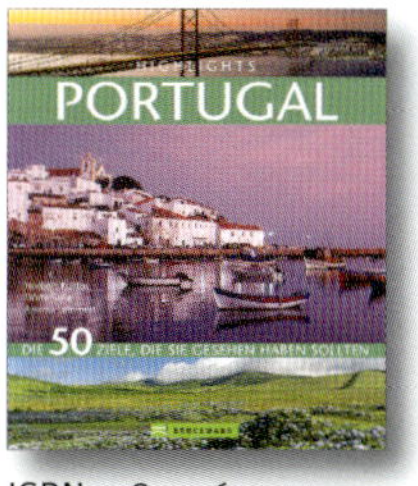

ISBN 978-3-7654-5533-9

ISBN 978-3-7654-4973-4

ISBN 978-3-7654-4748-8

ISBN 978-3-7654-4749-5

ISBN 978-3-7654-5496-7

ISBN 978-3-7654-5412-7

BRUCKMANN

www.bruckmann.de